美国高等教育
HIGHER LEARNING

[美]德雷克·博克（DEREK BOK）◎著

姜 华 王世超 方水凤 ◎译

朱 蔓 ◎译校

大连理工大学出版社
alian University of Technology Press

HIGHER LEARNING
by Derek Bok
Copyright © 1986 by the President and Fellows of Harvard College
Published by arrangement with Harvard University Press through Bardon-Chinese Media Agency
Simplified Chinese translation copyright © (year) by Dalian University of Technology Press Co., Ltd.
ALL RIGHTS RESERVED

简体中文版 © 2020 大连理工大学出版社
著作合同登记 06-2017 年第 152 号

图书在版编目(CIP)数据

美国高等教育 /(美)德雷克·博克(Derek Bok)著；姜华，王世超，方水凤译. -- 大连：大连理工大学出版社，2022.3
（国际高等教育名著译丛）
书名原文: Higher Learning
ISBN 978-7-5685-2723-1

Ⅰ.①美… Ⅱ.①德…②姜…③王…④方… Ⅲ.①高等教育—研究—美国 Ⅳ.①G649.712

中国版本图书馆CIP数据核字(2021)第044342号

大连理工大学出版社出版

地址：大连市软件园路80号　　邮政编码：116023
发行：0411-84708842　邮购：0411-84708943　传真：0411-84701466
E-mail：dutp@dutp.cn　　URL：http://dutp.dlut.edu.cn
大连图腾彩色印刷有限公司印刷　　大连理工大学出版社发行

幅面尺寸：148mm×210mm　　印张：7.25　　字数：139千字
2022年3月第1版　　2022年3月第1次印刷

责任编辑：邵婉　王洋　　　　　　　　　　责任校对：杨洋
封面设计：奇景创意

ISBN 978-7-5685-2723-1　　　　　　　　　　定价：69.00元

本书如有印装质量问题，请与我社发行部联系更换。

Preface 译者序

2003年，在北京大学教育学院的课堂里，马万华教授把哈佛大学校长德里克·博克（Derek Bok）的专著《美国高等教育》（HIGHER LEARNING）作为专业外语的教材，与我们这些博士生一起研读。从此，我会经常捧起这本书，每每读来，都会有不一样的收获，久而久之就萌生了翻译的想法。后来，大连理工大学出版社开始联系这本书的版权，我也逐渐进入了翻译阶段。今天终于可以将这本书奉献给读者，仿佛是一件承诺兑现了，如释重负。

德里克·博克1930年出生，1971年至1991年担任哈佛大学第25任校长，15年后，因时任校长劳伦斯·萨默斯（Lawrence Summers）辞职，博克再度出山，于2006年7月1日至2007年7月1日出任哈佛大学代理校长，成为哈佛大学有史以来唯一两度出任校长的人物。

博克执掌哈佛大学21年，作为世界著名大学的校长，在谈到美国高等教育的时候应该主要写什么，是我第一次接触到这本书的第一个疑问，我首先想到的是应该谈美国大学的理念，谈哈佛大学师生的优秀，谈他治理哈佛大学的过程，但是我都没有猜中，博克在这本书中谈了以下几个方面：

第一部分,博克谈到了美国高等教育体系的特点。第一个特点是自主权,美国高等学校享有高度的自由,这种自主权包括建立高等学校无须政府的审核,任何群体和组织都有建立私立学院和大学的权利。同时,公立大学和私立大学均无须经过政府的审核即可直接任命教授,私立院校可以自主招生,而公立大学在研究生的招生上也享有同样的自由,在符合高等教育最低标准的前提下,公立大学和私立大学可以设置自己的课程。第二个特点是竞争,为争夺师资、生源、资金,甚至是优秀的运动队。当然这种竞争是分层次的,由于各院校的目标不同,不同类型高校之间的竞争并没有什么意义。在谈到自由与竞争之间的关系时,博克写道:"假如美国高校没有国家赋予的自由,那么就不会有竞争。而竞争恰恰以微妙的方式维持和巩固了公立大学自主权。"第三个特点是响应性,独立性和竞争性使美国高校不得不密切关注其重要的服务对象——学生、教师、校友、基金会、企业、政府机构,甚至是能帮助或阻碍学校扩建和获得土地的当地社区人群。由于私立院校不能依赖政府的资助,因此必须保持较高的响应能力,来赢得学生和捐赠者的青睐,否则学校将面临衰败,甚至有倒闭的风险。

在阐明了美国高等教育的上述特点之后,博克非常理智地论述了美国高等教育体系的优点和缺点,竞争能进一步推动教师和管理人员的工作,至少在竞争的影响下,大学行政部门能不断对服务群体的需求迅速做出回应。当然竞争影响了不同的专业学院,毕业生收入较高的商学院和法学院的薪酬待遇、补贴和各种设施都优于神学院、教育学院等。另外,面对激烈的竞争,大学可能会采用不正当的手段达到自己的目的。不正当的竞争既表现在学术方面，也表现在其他方面，甚至表现在体育运动领域中。即使是公平竞争，也可能导致精力和资源的浪费，例如，大学经常批准不必要的项目来满足学院教师的需求，为学校建立声誉；为获得联邦拨款，科学家们经常要花10%~20%的时间来准备资助申请，接受拜访，或在专家小组审核其他研究项目的提案；生源和师资竞争所耗费的时间和精力似乎也为竞争带来了高昂成本；等等。当然，这些问题在集权制国家也难以全部避免，博克的结论是：总而言之，与其优势相比，美国高等教育体系的弊端不值一提。

第二部分，博克谈了本科教育。我们今天越来越认识到本科教育在大学中具有重要的意义。哈佛大学认为只有读过哈佛学院（Harvard College）的人才是哈佛人，而不是读过哈佛大学（Harvard University）的人。为此，在博克担任校长之后，哈佛大学的理事会还专门授予他荣誉学士学位，他终于成为"真正的"哈佛人了。

美国大学之所以这样重视本科教育，博克在书中引用了Louis Auchincloss[1]的观察："十七岁到二十一岁这个年龄阶段所经历的事给人带来的情感最强烈。短短四年却能让人受益一生。"

博克自担任哈佛校长伊始，就开始关注哈佛学院本科生的课程问题，并引发了一场关于课程的大辩论。这场辩论围绕着三个问题展开：首先，硬性规定的课程与学生自由选择的课程之间的平衡；其次，如何扩展学生教育的知识面；最后，如何实现整合，即如何教学生将他们学到的知识进行融会贯通，应用不同的分析模式和思维体系去解决人类遇到的重要问题。今天再来思考这三个有关本科课程的问题，我们已经达成共识了吗？我想还没有，

---

[1] Louis Auchincloss. 耶鲁校友杂志, 1974(6): 7, 9.

直到今天，这些问题还在困扰大学的本科教育。至少在50年前，博克就已经提出了这些问题，可见其远见卓识。

第三部分，博克写了专业学院。在担任哈佛大学校长之前，博克曾经担任过法学院的院长，所以对于专业学院的思考他早就开始了，专业院校能在多大程度上满足公众的需求？它们能多有效地培养学生的实践能力？它们能多快地适应不断变化的需求？

这些问题没有简单的答案，因为专业学院有很多不同的任务，有不同的规模和形态。例如，公共卫生学院往往更类似于研究院校而非教育院校，而建筑学院则往往很少做研究，主要关注学生的教育培训工作。教育学院和神学院通常要求学生进行指导实践，而大多数公共行政学院则没有此类要求。医学院有大型的教学医院来训练学生，而商学院则没有类似的"教学企业"。由于这些差异，我们不能对所有专业学院一概而论。

博克通过分析三大专业学院——法学院、商学院和医学院，试图回答以上专业学院的问题。

首先明确的是，专业学院需要教什么？法学院、医学院和商学院都试图向学生传授一套系统的思维方式来思考行业的典型问题，法学院称为"学会从律师的角度思考"，哈佛商学院教学生从"管理者的角度"思考，医学院的学生在"临床医学概论"等课程中培养这种思维习惯并在医院巡房的过程中不断加以练习。

其次，同时博克也在反思，专业学院的教学还缺少什么？他提出缺少实用技能，被学校忽略的大部分是实用的日常技能。法官和律师经常抱怨法学院没有教学生如何起草遗嘱，如何询问证人或如何在审判中及时对证词提出异议。管理人员指出，现在的工商管理硕士甚至连文书工作都无法胜任，更不用说跟工会负责人谈判。相对而言，医生们对医学院毕业生的此类批评则比较少，毕竟学生在完成基础学业后需要到医院做几年实习医生或住院医师。专业学院还缺少对职业道德与社会责任的教育，这三类专业学院的传统课程设置中都没有重视关于职业道德或社会责任的课程。业界的领军人物和知名人士经常呼吁专业学院提高对这些话题的关注度。职业调查显示，大多数从业人士认为这些话题，尤其是职业道德问题，值得高度重视。然而，专业学院一直没有做出回应。

最后，博克从公众需求和职业满足感两个视角谈到了专业学院的评估。与国外的专业学院相比，美国的学校的确实力很强。它们的课程很有趣，教学非常新颖，而且课程设置也符合许多行业要求。然而，若根据行业需求来衡量，即使考虑成本约束和知识局限，专业学院的表现也明显不够理想。

第四部分，博克讨论了高等教育的新发展。首先，专业发展的教育，接受这种教育的"这些人"的来源非常广泛——销售人员、律师、家庭主妇、企业高管、店主和市长。他们周末、晚上、暑期来到这里待上几天、几个星期、几个月。这里所谓的专业发展教育，就是为满足那些有特殊需求的短期学习的学生，他们并没有注册成为正式的学生，却成为大学校园中众多学生群体之一，我们也可以认为这是一种继续教育，是终身教育的表现。继续教育面临的巨大挑战将是使其成为每个专业学院教学活动的中心部分，而又不扼杀其所具有的革新和灵活的品质，正是这些品质才使它在过去发展得如此成功。正如我们看到的，这些继续教育项目的价值是相当可观的。努力地培训有所建树的从业者，大学对这些职业的发展做出独特的贡献，同时也使教师与实践领域保持密切的联系。

其次，与这些继续教育密切相关的所谓"公职教育"，在继续教育的学生中，有各种各样的公职人员。市长、议员、将军、舰队司令、总统私人顾问团官员——人数众多，都选择了他们感兴趣的教学项目。长期以来，博克高度重视美国政府的质量问题，在《大学与美国的未来》一书中，博克指出："无论是在提供教育、规划，管理商业，消除贫困和犯罪，维护国家安全，还是在维护美国人民关键权益的一系列其他活动中，政府机构都发挥了至关重要的作用。"[1]正是基于这样的理念，博克重建了肯尼迪政府学院，并且于1991年卸任哈佛大学校长后，继续在肯尼迪政府学院从事教学和研究。

最后，博克讨论了计算机对于大学的影响。我们知道，在博克写这本书的时候，计算机远没有像今天这样普及，但是博克却敏锐地察觉到计算机对于教学的影响，并且从节省时间、计算机辅助教学、苏格拉底式的对话、专家系统和模拟等几个方面讨论了计算机可能带给高等教育的革命。当然，博克还没有忘记讨论计算机能够带来的障碍与机会，可见他的头脑是十分清醒的。

第五部分，博克预言了变革的前景。首先，他谈到了进步的机会，知识从来没有像现在这样对我们的社会如此重要。我们的大学从来没有像现在这样对我们国家的青年人，甚至对全世界的青年学生、对各个年龄段的成年人都显得如此有吸引力。在充分利用这些可能性的同时，大学必须对外界的变化与机会保持敏锐，这些变化与机会促使大学努力培养学生在将要继承的社会中扮演令人满意、有效率和有贡献的角色。其次，他谈到要有更好的学

---

1 Bok, D. 1990. University and the Future of American. Durham, North Carolina: Duke University Press, 57.

习环境，制订教学规划时，大学必须避免只专注于增开课程和重组教学计划的诱惑。尤为重要的是要创造一个奖励和鼓励更好教学的环境。建立这样一个环境需要各种激励和奖赏以弥补已在研究中获得的高度认可和卓越声誉。除了科研，激励还包括在任命和晋升决策中严格关注教学质量。最后，博克谈到了教育改革的过程，包括竞争的作用、外部压力、教师的作用和学校管理者的作用。没有人可以确定我们的大学能够在多大程度上成功地应对这个挑战。然而，展望前景，我们应当感到振奋，因为总的来说大学已经办得不错——在某些方面，尤其好。一方面，美国的高等教育在世界上无可企及，但是另一方面又仍然远远没有达到理想的程度。

博克在2014年发表的一篇文章中写道："在写一本关于美国高等教育的书时，我有了一个有趣的发现。根据2010年一项关于大学校长如何打发时间的调查，受访者透露，在六项常见职责中，他们投入精力和时间最少的一项是'学术事务'。进一步的挖掘使我对五种不同类型机构——公立研究型大学、综合性大学、社区学院、私立研究型大学和四年制学院的校长进行了新一期的调查。在20项校长活动中，这些机构的校长对学术事务的排名不高于第八位，排在筹款、预算、招生管理、理事会和社区关系等职责之后。尽管这些发现似乎没有引起多少人的注意，但令人吃惊的是，美国大学的校长在他们所领导的机构的核心职能上投入的时间和精力如此之少。"[1]

---

[1] Derek Bok, (2014).Perspectives: The Questionable Priorities of University Presidents. *Change: The Magazine of Higher Learning*. (46):1, Published Online: 05 Feb.

《美国高等教育》是博克在担任哈佛大学校长期间出版的专著，这本书是他反思的积累，既是对其校长工作的总结，也是对"学术事务"工作的总结。博克刚一上任就做出决定：必须"把自己的思考和精力集中在有限的两三件事情上，而不能分散在永远都做不完的行政琐事上"[1]，这本书正是对这两三件事情的总结。

　　博克在长达 21 年的校长生涯中，对哈佛大学进行了一些重大改革，做出了巨大的贡献，包括建立本科生的核心课程、重新打造专业学院、做一流的科学研究和应对高等教育商业化的挑战。这些贡献也都是向内的，是面向"学术事务"的。可以说，博克成为哈佛大学历史上卓有成就的校长之一，与其眼光向内、一直关注"学术事务"密切相关。

　　国外关于高等教育研究的专著浩如烟海，我们已经出版了多套系列的翻译读本，这本书对于一个高等教育的研究者来说，犹如金子一般，一直闪烁着光芒。

　　本书可以作为教育学专业和教育管理专业的本科和研究生教材、参考书或教育行政管理人员的培训教材等。

---

1 曲铭峰，龚放．哈佛大学与当代高等教育——德里克·博克访谈录[J]．高等教育研究，2011 (10)：1-19．

Contents 目录

简介 1

第一章　美国高等教育体系 9
　第一节　美国体系的特点 11
　第二节　美国体系的优点 21
　第三节　竞争体系的缺点 26

第二章　本科教育 37
　第一节　课程大辩论 42
　第二节　博雅教育更加实质性的变化 49
　第三节　博雅教育的目标 58
　第四节　该采取什么措施？ 62

第三章　专业学院 78
　第一节　利益相关团体 81
　第二节　教学与研究的平衡 88

第三节 教师培训 90
第四节 教什么？.. 94
第五节 有什么教学缺陷？我们忽略了什么？.......... 99
第六节 对专业学院的评估 109

第四章 高等教育的新发展 123
第一节 专业发展的教育 125
第二节 公职教育 140
第三节 计算机革命 156

第五章 变革的前景 173
第一节 进步的机会 177
第二节 教育改革的过程 193

简介

二十几年前，当我刚开始在哈佛大学法学院教书时，很多事情都比我想象的要顺利。当时那群在每周五和周六早上九点跟我学"劳动法"的学生对我早期的教学失误给予了无限支持和耐心。几年前曾让人生畏的教授也成了最热情的同事。

意想不到的欣喜之余，我又感到了些许失望。我放弃当律师选择教学，正是为了能和各个领域的学者交流。我一心期待着能在教师俱乐部听考古学家讲述国外挖掘的趣事，听天文学家畅谈关于其他行星的生命理论。然而现实却大相径庭。尽管法学院同事之间的关系非常友好，但跟其他学院教师的来往甚少。

当一位年轻的历史学家邀请我去一个烟雾缭绕的本科生宿舍地下室参加他们同事每周都要组织的扑克牌游戏时，我一度以为自己发现了一条通往哈佛园的道路。然而参加了两次后，我不得不承认，通过桌游跟大学其他学院交流的成本高得让我无法承受。出于种种原因，其他开拓视野的机会也没有抓住。就这样，我对学术生涯最热切的盼望并没有实现。

那时候，我还没听过哲学家这句诙谐的忠告：年轻时立志要谨慎，说不好中年时就实现了。我一直渴望能更多地接触大学里思维活跃的人以及参加各种智力活动，但我从没想过有朝一日，竟会实现。

多年后，我发现想要事无巨细地了解在哈佛大学发生的所有事情是不可能的。现代大学是非常复杂的，克拉克·克尔曾说现代大学应被称为"巨型大学"，因为大学负责组织系列庞大的项目和活动。克尔说得完全有道理。过去几年，哈佛大学的同事帮印度尼西亚编写了税法，为医学系的学生创建了新项目，为新当选的国会议员举办了研讨会，在日内瓦进行的研究获得了诺贝尔奖，教授了周边社区的高中物理课，给几位国家元首分析了国内外大事，为耶路撒冷的大型建筑项目提供了设计，写了数百本书，进行了数千场讲座，教授了数万名学生。

简 介

在以上罗列的事情中,最后提到的教学是本书的主题。[1] 大学教得怎么样以及如何改善教学?教学的重要性显而易见。研究型大学录取了绝大多数最优秀的高中毕业生,其专业学院吸引了几乎所有最出色的学生。这些年轻人是非常重要的国家资源,他们到大学上学对国家来说是非常重要的。

真的是这样吗?大学校长经常强调教育的重要性,他们的观点很少被公众反驳。然而,他们的想法未必与大家一致。人们不会怀疑教育的重要性,就像不会批判母性和家庭,但是仍然有很多人认为天赋比课堂所学更重要;课堂上没学到的,可以通过自学或以后工作学会。除了培养学生的技能外,大学最主要的职能是录取人才并对他们进行分类,以方便日后研究生院和专业学院的招生以及用人单位的招聘工作。这就是为什么企业招聘人员时很少过问教学质量,却乐于走访能吸引大量优秀学生的大学;为

---

[1] 可能有读者会想,怎么会有人写书以大学为主题却不讨论研究。由于学术研究和科学发现是大学最主要的贡献,若不提及在图书馆或实验室发生的事情,似乎有点奇怪。事实上,几乎没有人能详尽地以研究为主题写书。真正重要的是关于学术研究调查过程中涉及的变动利益、问题和方法等难题。不同领域面临的问题也有很大差异,只有该领域当前的科学家和学者才能深刻理解。这就是为什么以大学研究为题写书的作者经常讨论次重要问题,比如政府支持、设备退化或优化研究生院生源必要性等问题的原因。当然,这些问题也很重要,但却不是研究的核心。也许没有任何一个作者能涵盖多个领域深入讨论有关研究的核心问题。

什么法学院教师花这么多时间批改学生的卷子，给学生排名，却不怎么给学生提供反馈，帮助他们以后更好地学习；为什么重点大学如此强调学生入校时的 SAT 成绩和其他成就，却对学生入校后的学习情况甚少提及。

事实上，没人清楚学生在学校能学到多少知识，这也无从考究。认知心理学家对这个问题进行了探讨，最近的一些研究结果令人鼓舞。举个例子，依库尔特·费希尔和谢里尔·肯尼认为，任何发展层次的功能优化都离不开环境支持，而环境支持对于最高的抽象层次似乎尤为重要。教育机构最重要的作用之一也许就是提供在高抽象层次运作所需的支持。事实上，假如没有像高中和大学等教育机构提供的环境支持，人们也许难以经常使用高水平的技能。[1]

这些研究结果很有意思，但还有很多研究工作尚未完成，大学教育的影响在未来很长一段时间内也许还是个未知数。尽管如此，我们仍要致力于改善教育项目。正如对待很多政策问题一样，我们对教育的重要性所持有的看法，必须在很大程度上依据对所涉及的风险谨慎评估后做出的判断，而非依据已知事实。

---

[1] Kurt W. Fischer and Sheryl L. Kenny, "Environmental Conditions for Discontinuities in the Development of Abstractions," in R. Minas and Karen Kitchner, eds., *Social—Cognitive Development in Early Adulthood* (New York: Praeger, in press).

有几个原因使得我们必须给予教育以高度重视。各行各业中不断出现越来越复杂的问题，人们需要掌握更多的知识来解决这些问题。比如，就专业领域来说，医生必须掌握更复杂的决策方法以应对在成本、伦理和患者心理等方面出现的问题，而这些是以前一直被忽略的难题。企业高管面临着来自国外日益增加的竞争压力，其产品线和生产方法中出现的科学技术问题日益繁复。政府和社会施加的解决各种社会问题的压力越来越大。因单位部门的规模变大以及政府需要解决的问题变得复杂，官员们也面临着更大的挑战。随着各行业要应对的问题越来越多，知识技能准备不足所要付出的代价也随之变得更大。

信息量的迅速膨胀使得世界变得更复杂。当我们了解了这种发展将是持续的，我们就不能停留在教学生死记硬背、固定知识体系的阶段，而是必须帮助学生掌握解决问题的技能，养成不断学习的习惯。这种转变使大学教育的质量变得更为重要。一般而言，掌握解决问题的技能或新的思维模式比学会一套知识系统更加困难。因此，正规教育很可能会变得更加重要，而教育缺失的后果会比过去更严重。

来自国外日益加剧的竞争，如经济、政治和军事等，促使社会投入更多精力来保持优质的教育。美国劳动力昂贵，原材料的供应也不再丰富。因此，美国越来越需要依靠智慧生存，其荣辱兴衰取决于人民是否能进行思想创新，是否能发挥先进技术的应用，是否能创造新产品，是否能发挥想象力找到解决问题的新方法。在所有国家资产中，人民的智慧和创新能力最为重要。大学的主要职能是帮助学生提升其智慧和能力，因此大学的教育质量必将变得越来越重要。

美国在教育方面的利益与政治制度的性质密切相关。在这样的民主国家里，政府的执政水平取决于选民的受教育程度。当今社会面临的问题越来越复杂，也越来越多，政府在国内外承担着前所未有的责任，受教育程度低的群体所带来的风险必将比以往任何时候都大。

除了这些实际考虑之外，另一个原因也不容小觑。大学应尽其最大努力改善课程质量，不仅因为学生和社会必须应对紧迫的问题，还因为教育本身就很重要。教师们、院长们和校长们都选择投身教育事业，他们做出的这一决定是出于对知识的尊重。出于这些原因，不管教育实效如何，他们都应当为学生做到最好。作为专业人士，他们应该对那些拿出一部分工资收入来进行终身学习的人负责。作为知识分子，他们应率先表示出自己对于教育的重要性所抱有的信心——当然这不是盲目的信心，也不是单纯的基于深思熟虑的信念，而是Inge院长所说的"更崇高的假设"。假如学者一定要说年轻人学习重要思想或阅览文学巨作或更准确地推理是否重要，那么除了明确的肯定答案之外，其他任何否定的回答都是不合适的。

随着过去十年或十五年迎来的改革创新，当下是思考大学教育现状的非常关键的时期。各学院进行着各种各样的富于想象的尝试，包括实验课程、创新的教学法、接触新的学生群体等。以高等教育为主题的文献涵盖了对自主学习、计算机辅助教学、核心课程和为大龄学生开设的非传统课程等话题的讨论。在未来十年到二十年，哪些尝试会成功，哪些会被淘汰，我们拭目以待。任何结果都必将对未来几代人的教学产生深远影响。

在随后的许多章节中，我们将一起探讨大学如何做出这些选择，以及它们如何根据外界的新机会和新需求调整其教学方法和教学内容。该讨论能为研究美国的大学提供一个非常有价值的视角，正因其面临不断增加的社会需求的压力，美国高等教育体系有别于其他国家。通过观察大学对过往的需求所做出的应对，我们能更好地了解大学是如何发展到当今模样。通过认知新的需求，我们能预测大学未来将如何发展。

在描述大学的发展时我指出，在竞争的刺激下，大学在工业化世界中变得独特。同时，教育界竞争的性质和结果与其他领域截然不同。为了阐明这些差异及其结果，我把大学的核心，从文理学院到专业学院，尤其是法学院、商学院以及律师事务所等教学项目的课程都拿来作为参考。现在，我注意到最近在大学中发生的一些重要变化：教学中日渐频繁地使用先进技术，着力开发新形式为公共服务培养学生，以及不同行业从业者对职业中期教育产生日渐浓厚的兴趣。在本书最后的章节，我对此做出了一些结论，并对大学未来该如何促进学生发展和社会进步做出更大贡献提出了建议。

第一章
美国高等教育体系

在我被任命为哈佛大学校长之后，一个哈佛大学校友让我花点时间跟他认识的一位老先生聊聊。这位老先生在商界颇负盛名，对大型企业的运作及有效管理有着独特的智慧。我对当时谈话的细节已经模糊了，但他说过的一句话却让我记忆犹新。"记住，"他说，"未来几个月，赶在就职和事务缠身之前，做好关于哈佛大学未来发展的创新规划。"

醍醐灌顶的一席话让我感到一丝不安。在对话之前，我以为上任后我能轻松愉快地认识学院里的教师，到哈佛大学的众多专业学院考察，任命一些关键的职位来加强管理。但现在我才意识到，我必须有想法，宏大的想法，否则我将碌碌无为，平庸地度过任期，无法获得什么大成就。

过了一天又一天，我还是没有想到创新的点子。我开始好奇，前任校长们都是如何度过就职前这段关键时期的。稍做了解后，我得知查尔斯·埃利奥特在被任命为校长前不久失去了妻子。根据其传记作者透露，埃利奥特在麻省理工学院教完最后一学期的化学课后，暑期在他的故乡栗树山准备就职演讲。"他用日以继夜地工作来逃避悲伤。"[1]这个例子对我来说太苦涩了。

埃利奥特的继任者阿伯特·劳伦斯·洛厄尔多年来一直在教师会议上反对埃利奥特校长的政策，在被任命为校长前，他早已有了自己的理念和想法，他在任命获得批准之后继续从事教学。对于当地媒体传播的谣言，显然教室成了他辟谣的好地方。"我不会让学校取消橄榄球课"，他说，"也不希望学生为了学习废寝忘食。"[2]洛厄尔对新职位热情高涨，还没等到秋季开学，便于5月19日就上任了。同样，这也不是我想要找的先例。

詹姆斯·布赖恩特·科南特入职前做的准备与众不同，因为他做了一件出人意料的事。早期他曾在德国留学过，于是入职前他回到欧洲待了几个星期，在英国的大学里进行观察、交谈、寻求好的想法。

---

1 Henry James, *Charles W. Eliot, President of Harvard University, 1869–1909*, 2 vols. (Boston: Houghton Mifflin, 1930), vol.1, p.224.

2 Henry Aaron Yeomans, *Abbott Lawrence Lowell, 1856–1943* (Cambridge, Mass.: Harvard University Press, 1948), p.102.

科南特校长的事例是目前我所找到的最有意思的一个。然而我意识到，过去的40年已时过境迁，世界发生了很多变化。尽管我对欧洲有着美好的情愫——欧洲是我大学时旅游过的地方，是我作为福布莱特学者做过研究的地方，也是我和妻子相识结婚的地方——但我现在并不想去那儿。当然如果去，旅途一定会相当愉快，我会遇到很多出色的学者，会从令人振奋的谈话中获益良多。但我认为这样的一趟旅途不能给我带来我所需要的想法。

我的想法到底是什么？为什么美国不能再效仿旧大陆的大学？当时我几乎没有答案，除了战后时期欧洲大学的高等教育少有创新这一点之外。这个问题很快就被我抛诸脑后，直到十几年后在柏林的一个欧洲校长会议上，我才隐约开始有了答案。

第一节 美国体系的特点

科南特校长的出国之旅旨在向传统看齐。作为一个新兴国家，美国深知旧大陆是其文化根源，美国有绝对的理由从欧洲国家身上寻找建设高等教育学府的灵感。美国也的确这么做了。殖民时期，美国借鉴了英国的理念，开设附带宿舍的健全的基础教育课程，旨在帮助学生开发学习潜力，同时塑造健全的人格。该模式正是美国本科普通教育理念的灵感来源。19世纪，在德国出现了做研究以及培养未来学者的学院，这正是我们的研究生教育模式。

除了受到国外理念的启发，美国大学也受到了国内因素的影响。这些影响大多源于本土文化中根深蒂固的观念：对政府的不信任以及对竞争的信念。最终，这些观念影响并赋予了美国大学独有的特征，使它们有别于早期效仿的欧洲学府。

一、自主权

美国高等教育的一个特征是其享有不受政府控制的高度自由。在美国，任何群体或组织都可以建立私立学院或大学。19世纪，正是由于这种自由，全国如雨后春笋般涌现了几百所学院，每个宗教派别和地方都设法建立了自己的高校。到1910年，美国已有近1 000所学院和大学，共计招收了三十几万名学生；而同时期，法国仅有16所大学，学生人数仅约40 000人。随着时间的推移，美国高校数量持续增加。从1960年到1980年，美国四年制院校的数量从1 451所增加到1 810所。

在高等院校中，无论是公立院校还是私立院校均可无须通过政府审核直接任命新教授。私立院校可自由招生，而公立院校至少在研究生和专业学院的招生上也有同样的自由。在符合高校最低标准的前提下，公、私立院校均可设置自己的课程。私立院校能自由分配资金，而公立学校也有相当的自由来酌情分配州政府下拨的资金。所有院校都能通过各种渠道获得资金，包括学费、州政府拨款、企业捐赠、个人捐赠、基金会捐赠、联邦政府奖励等。

这样，公、私立院校之间的差异在逐渐缩小。现在，很多私立院校获得了州政府的援助，而公立院校则提高了学费，并越来越积极地寻求私人捐赠。

这与欧洲大部分国家的模式完全不同。例如，在德国，几乎所有大学都是依据政府规章建立的国家机构，大学几乎所有的资金都来源于公共渠道。国家保证只要学生高中毕业时能通过高中会考（Abitur）就能被大学录取（虽然对于某些专业，比如医学系，政府会限定录取的学生名额）。如果太多学生申请某一高校，政府机构会有选择性地录取，并把没有被录取的学生分流到别的院校。学术机构可以推荐人选，但政府拥有最终决定权，可以否决大学的提议。事实上，政府有时候会因政治理由否决大学的提名，在政治化的大学里，委任程序需要考虑党派立场，这也是意料之中的事。政府官员在与大学商讨后，决定拨款数额以及资金分配情况，甚至教师的薪酬也是教师本人直接与政府官员议定的。只有在课程设置和课程内容上，德国的大学才有美国大学认为的理所当然的自主权，有时政府官员也能通过设定课程指导准则以及对学生毕业就职前必须通过的考试进行操控来影响大学的决定。

在行使这些权力的同时，德国的政府官员给大学教师留有相当大的自主权。一直以来，德国大学的教师能自由选择课堂讲授的内容，该权利甚至被纳入国家宪法当中。即使政府官员想控制课堂，他们也没有权力。然而，德国的政府官员会干预院校的许多行政事务。在美国，这些行政事务是由大学自己处理的，教师与院长、校长商定工作条件和学术政策；而在德国，大学一直缺乏完善的校园管理制度，在很多事情上，教师必须直接与政府官员商讨。

这种情况不只是德国才有。尽管欧洲各国的做法和程序不相同，但几乎各国政府在基本的学术职能上都有控制权。例如在法国，再小的行政细节，包括预算资源、设施、宿舍、教师队伍、文凭认证等，都能体现政府的控制和影响。[1]只有英国大学一直享有与美国大学类似的自主权，并在校园建立起具有一定影响力的行政管理制度。

即使在英国，随着政府成为大学主要的资金来源，政府官员在大学的发展及重要事情上也有了更多的权力。最近有迹象表明，政府对教育资助委员会（向大学分配资金的主要单位）施加的压力越来越大。以前教育资助委员会是个独立的单位，能自主向大学分配一次性拨款。然而在20世纪60年代中期，政府把教育资助委员会从财政部调至教育科学部，使该部门得以协调教学课程设置以及为学校划定重点事项。到1985年，政府充分发挥财政杠

---

[1] Louis Lévy'-Garboua and François Orivel,"Inefficiency in the French System of Higher Education," *European Journal of Education* 17(1982):159.

杆作用，通过影响受资助研究的性质、新的科学家岗位所属领域以及大学课程中的重点科目，来促进国家目标的实现。

美国政府对大学的影响力无疑也在加大。州一级的体系和协调机构对公立大学施加的影响越来越大。联邦政府规定所有高校在招生和招聘时，严禁性别、种族、年龄、宗教或国籍歧视等行为。华盛顿政府通过资助研究项目，也获得了对高校科学研究很大的话语权。尽管如此，强大的独立学院和大学依然存在，除研究项目外大多数大学活动的资金来源丰富，言论自由和正当程序受到宪法保护，这几点给予了美国大学相当的自由。

二、竞争

美国高等教育的第二个特征是高校之间的激烈竞争，像争夺师资、生源、资金，甚至是优秀的运动队[1]等，高校没有单一的竞争目标。边缘学校力争提供像样的教育，避免倒闭。像圣十字会这样的教会学院或汉普郡这样的创新院校，争取为特殊类型的学生提供独特的学习体验。研究型重点大学则希望获得更高的声誉。学校不一定要通过扩大规模或添加设施来实现目标，虽然这能吸引更多杰出的教师和更有学术才华的学生，但学校的名声毕竟取决于学生素质以及师资质量。

---

[1] 我指的不是学生之间的竞争。在某些国家，比如法国和日本，学生因国家组织的入学考试面临极其激烈的竞争，这在美国是不能想象的。

由于各院校的目标不同,不同类型高校之间的竞争没有什么意义。汉密尔顿学院不与斯坦福大学竞争,而这两所院校也不会跟维塞利亚专科学院竞争。美国各类型的院校都有不少,研究型大学则更多,因此同类型院校之间的竞争还是很激烈的。研究生院、职业院校、大学甚至是大学图书馆之间的竞争结果长期以排名的形式向公众公布。排名现象经常被批判,但却从未被禁止,这种现象到目前为止在其他国家是罕见的。

学术竞争的过程非常微妙。除了体育运动,大学甚至是专业院校的排名一直都没怎么变。1980 年排名前二十的院校与 1970 年、1960 年和 1950 年的几乎一样,尽管名次稍有变化。显然,成功的院校吸引着更优秀的学生、更杰出的教师和更多的资金,继而变得更成功。当然,院校衰落的现象也是有的。但大型院校的权力分散于众多几乎独立的部门之间——系、中心、学院、机构——其整体水平出现巨大提升或下降是不太常见的。

尽管竞争很少能在短期内带来利益,但竞争仍然很激烈。各院校年复一年地在招生、招聘年轻有为的教师和吸引知名教授等方面进行竞争。尽管看起来只有著名院校面临激烈的竞争,其实所有院校都在参与竞争,即使不为提升也至少避免衰落。20 世纪 80 年代,18 岁到 24 岁的人口逐渐递减,所以非名校必须更加努力,以避免因招生人数下降而引起财政削减甚至破产。

假如美国高校没有一直享有自由的话,那么就不会有这样的竞争。而竞争恰恰以微妙的方式维持和巩固了公立院校的自主权。不像日本,私立院校数量多但影响力不大;或欧洲,几乎没有私立院校。美国的很多私立院校声誉很高,这能帮助建立更高的大学标准。因为在激烈的竞争下,州立法者不得不敦促大学更多地效仿私立大学的成功模式,以避免落后。

与美国的情况相反,在其他工业国家,高校之间的竞争动力不大。例如在联邦德国,即使高校想竞争,它们也没有什么竞争动机。大学没有录取权,财政援助资金由政府统一发放,大学在招生方面很被动;师资提升很困难,因为教师的薪酬由政府决定,而且从德国其他高校聘请的教师能获得的奖金也很少。学校必须从政府获取所需的几乎所有资金,很少能获得企业、富人或其他私人的经济支持,这使得学校的创新研发工作举步维艰。

不像美国,德国体制下的高校之间水平差异很小,瑞典和意大利的情况也是如此。在其他一些国家,则存在着更加明显的等级制度。例如在法国,像巴黎高等师范大学和巴黎工业大学这样的名校吸引着最优秀的学生,并努力把他们培养成政府和商界的接班人。但这种等级制度是法令的规定,而非竞争的结果。政府通常不愿意推行可能影响重点院校地位的法令,并且会通过帮助重点院校毕业生获得更好的工作来维持学校的优势。当然在某种程度上，大学之间肯定存在竞争，尤其是最近几年。然而，顶尖院校的数量太少，不足以带来真正的竞争，而一般的院校则很难挤进能够竞争的行列。例如，艾克斯普罗旺斯大学即使再努力也几乎不可能成为商业培训领域的核心机构；里昂大学也几乎不可能建立起有实力与国家管理学院相竞争的学院。

英国高等教育的运作模式与美国更为相似。英国高校有相当大的自主权，像牛津大学、剑桥大学这样的名校与其他红砖大学[1]之间在教育质量和声誉方面的差距非常大，更别提第二次世界大战后政府建立的理工类学院了。尽管如此，英国高校之间的竞争并不激烈。高校的资金大都来源于政府，资金的分配也不是出于竞争的考虑，而是通过与大学教育资助委员会进行商讨决定的。大学并不乐于在招生和教师招聘上与其他学校竞争。事实上，英国人对利用竞争来推动和塑造高等教育机构这个想法嗤之以鼻。正如一位英国作家所观察到的那样，在英国这样一个重视既定传统和特权的国家，像牛津大学这样的名校"是不需要去竞争的，其卓越无人能及……牛津大学跟美国的名校不一样，它不需要去证明自己。作为一所名校，牛津大学在英国有着不可替代的地位。

---

[1] 译者注：红砖大学，相对于牛津和剑桥而言建立时间较晚的地方性大学。

这赋予了它从容的姿态和尊严"。[1]

日本的情况有些不同——高校等级分明，东京大学和京都大学稳居前列。这看似与美国的情况相似，但实际上日本高校竞争的性质和程度却有些不同。竞争确实存在，尤其在招生方面，但由于资金严重不足，私立大学在1970年与政府签订了协议，同意在政府资助学校一半运营预算的条件下，赋予教育部门更大的控制权来确保最低标准。一部分私立学校达到了较高标准，吸引了优秀的学生，但大多数私立学校却很少进行项目研究，即使招生很多，也从未能赶上优秀的国立大学。东京大学和京都大学声名远播，一直享有更多的资源，其学生获得政府部门高薪工作的机会也更多。

三、响应能力

独立性和竞争性使美国高校不得不密切关注其重要的服务对象——学生、教师、校友、基金会、企业、政府机构，甚至是能帮助或阻碍学校扩建和获得土地的当地社区人群。由于私立院校不能依赖政府的资助，因此必须保持较高的响应能力来赢得学生和捐赠者的青睐，否则学校将面临衰败甚至是倒闭的风险。

在激烈的竞争下，公立学校同样需要密切关注其服务对象。

---

[1] Christopher Rathbone,"The Problems of Reaching the Top of the Ivy League... and Staying There,"*Times Higher Education Supplement*(London), February 8, 1980, p.10.

很多公立院校通过校友、基金会和企业等渠道获取上亿元资金，它们认为筹资活动是学校保持领先的重要条件。公立院校和私立院校之间通过竞争来获取研究经费和支付日常开销的额外资金。同样，它们也相互争夺最优秀的教师。事实上，公立院校越来越多地寻求私人捐赠，想通过提供"星级教师薪酬待遇"把杰出的教师从其他院校吸引过来。在招生方面，为赢得优秀运动员，教练之间的竞争非常激烈。一些知名的州立大学也通过提供丰厚的奖励吸引大量全国优秀奖学金获得者。

除了薪酬和奖学金，大学还需要以其他方式来吸引更多支持者。教师们在住房、图书馆设施、合理工作量、教师俱乐部甚至配偶工作安排等方面向院长或校长提出需求；校友对橄榄球比赛、深造机会和校友子女的优惠政策感兴趣；准大学生会走访各个学校，对比各校的课程、体育项目、住房安排和文化交流机会；基金会希望为慈善家优先考虑的项目找到有兴趣、有才能的教师。

其他国家的大学同样需要考虑学生、雇主和其他相关人员的想法。与美国情况相反的是，欧洲高校在实行变革的过程中，一直伴随着政府不断加强的控制。当人们对大学有强烈不满时，他们通常会忽略大学的管理部门而直接向政府申诉。政府官员根据其管辖范围内适用于大学的法律法规进行权衡后决定是否做出回应。自1970年以来，为分散权力，意大利、法国、瑞典以及其他国家的政府陆续在大学设立了包括商界、劳工及其他社会群体代表的董事会。很多欧洲政府也建立了由学生、教师和职工组成的三方委员会来分散曾集中在资深教师手里的权力。然而，这些董事会和委员会最后还是成了利益相关者通过政治手段表态的新方式。

第二节 美国体系的优点

别人会如何理解我们对市场的依赖？很多人认为，美国对竞争的强调以及相关利益群体对学校的影响力之大令人不安。这似乎与一直被珍视的理念——学习和发现有所冲突。但不管怎么说，对高校从业者来讲，这本身就是一种动力。毫无疑问，科学家、学者和大学校长都希望能促进学生发展，为教育事业多做贡献。然而，在学生、教师、校友、科学审核小组或其他评估学术质量的同行眼里，竞争能进一步推动教师和管理人员的工作，至少在竞争的影响下，大学行政部门能不断对服务群体的需求做出迅速回应。竞争能不断激励教师、学生和其他相关人员，帮助他们不断提升，实现更大的价值。

美国高等教育体系的响应性带来的另一个优点是，学校更能避免因权力过于集中而导致的衰败。在许多欧洲国家，资深的教师从很早之前就掌握了课程设置、人事部门和大学内部机构的大权,甚至有段时间,意大利的大学教师将其影响力扩大到了规范高等教育的国家级立法机关和顾问委员会。在美国,终身教授的影响力也越来越大,对提高学校声誉、吸引政府和私人资金起着至关重要的作用。但意大利和美国的情况有着非常关键的区别。欧洲的资深教授更维护自己的利益,抵制有利于初级教师和学生的改革。而在美国,由于受其他群体的影响,高校教师并没有如此保守地行使其权力,今后也不太可能会这么做,过于讨好终身教授的大学很快会遇到初级教师招聘、吸引优秀学生,甚至是维持校友和其他捐赠者忠诚度等方面的难题。

如前所述,许多欧洲国家政府为了鼓励高校提高响应能力,建立了由不同利益群体代表组成的理事会。这些理事会具有真正的影响力,他们参与诸如任职或课程等重要事项的决策。然而,与美国由市场压力催生的响应能力相比,这样的政治解决方案有不少缺点。在市场体系中,为了获得更好的师资、生源以及更多的资金,美国的高校必须应对外界的种种压力。但教授能自主决定该如何应对,因此学术决策权仍然掌握在最适合的人手里。相反,欧洲高校的决策机构中不同利益群体代表的能力让人质疑。他们也许是机构增选的,能力并不高;或者对学术事务没有经验,比较不规范;或是怀有敌意的政治少数派,具有毁灭性。这三个例子都曾在欧洲高校发生过。

第一章
美国高等教育体系

美国政府将权力分散给众多相对自主的院校，还有其他的益处。分权体系能推动创新，因为许多具有自主性的高校都希望自己能取得更大的成就。尽管我们没有办法证明这一点，但人们普遍认为美国高等教育在教学方法和课程设置上进行了更多的尝试，为学生提供的服务也比国外高校更为全面。当相似的条件在其他国家盛行时，也给它们的大学带来过类似的好处。例如，约瑟夫·本·大卫（Joseph Ben-David）和齐洛佐沃（Awraham Zloczower）指出，19世纪的前六十几年，德国高等教育的权力最分散，面临的竞争也最激烈，那段时期高校的发展最快，创新最多。[1]

像美国这样的体系还能促进多样性的发展，因为高校必须通过满足特定社区和学生群体的需求来巩固自己的地位。当然，分化的过程不尽如人意。学校希望抓住革新的机遇，扮演特殊的角色，而这与在现有学科和专业标准下更加卓越不无冲突。为符合流行标准，各院校的目标逐渐趋同。事实上，如果成功的标准设定得过于苛刻，那么竞争可能会抑制创新，阻碍大学适应新挑战。但在美国，成功的定义从不狭隘。在这样一个多元化的社会当中，高校可以以多种方式在不同领域获得成功。因此，美国高校的多样性远远超过其他国家，美国有规模不一的各种类型的院校，有

---

[1] Joseph Ben-David and Awraham Zloczower, "Universities and Academic Systems in Modern Societies," *Archives Européennes de Sociologie* 3(1962):45—62.

宗教院校和非宗教院校，有单性别院校和混合性别院校，有公立院校和私立院校，有职业院校和人文科学院校，以及其他数不胜数的各类院校。

分权体系能避免严重的判断失误。所有学校都会犯错，创新体系与传统体系相比则可能犯更多的错误。校园决策的影响范围一般较小，犯错的代价也较小。相反，如果由政府统一决定招聘多少名教师，培养多少名医生或如何管理所有大学，那么决策失误的后果会更严重，可能会影响到整个州甚至整个国家。

当大学受到巨大社会变化的冲击时，竞争性的、权力分散的体系优势尤为明显。回想一下20世纪60年代美国高校是如何应对学生人数剧增这个问题的。在联邦政府的鼓励下，当时的高校纷纷扩建，政府也新建了一些大学和大专学校。最终，几乎一半的美国青年接受了高等教育，而学校也没有出现严重、广泛的过度拥挤现象。由于美国的高等教育体系赋予了成千上万所独立院校自主应对问题的自由，所以在应对学生群体差异不断增多的问题时，学校并没有遇到什么困难。学生能根据自己的需求选择合适的院校，而整个体系可以容纳更多的学生，同时也不会降低最优秀的大学的课程质量。

学生入学率的突然增长给欧洲高校带来了更多问题。政府严控高校扩建行为，尝试通过提供不同类型的院校，包括大学、技术学院和师范学院等，来解决学生多样性的问题。但无论形式上还是质量上，美国高校的做法更胜一筹。在入学率上能达到美国一半的国家很少，大多数国家政府依然没能有效地通过增加高校数量或扩充设施来满足日益增长的需求。素质参差不齐、需求多种多样的学生不断涌入已有的院校，导致高校的教育质量和标准明显下降，这种情况延续至今。

在应对20世纪60年代和70年代校园抗议事件时，美国高校和欧洲高校所采取的措施有明显差异。美国的校园动荡很少涉及学术，多出于其他问题，比如强制服兵役、种族摩擦，尤为突出的是越南战争等。尽管很多高校都遭到过严重的抗议，但学校不需要通过法律手段来解决问题。高校会经常犯错，但大多数错误都能在几年内被纠正，很少会造成长期的不良影响。但在欧洲，学生抗议很少是因为外部事件，比如越南战争等，更多是出于对大学的不满。在某些国家，初级教师曾对终身教授的权力之大和无动于衷表示过不满，而学生也因难以找到心仪的工作发起过抗议。年轻人向政府申诉，政府则通过立法来重组大学，改变大学的管理模式。但立法者对他们试图改革的学校并不了解。因此很多时候，新法规并不能达到目的，反而有时候甚至会引起长期的冲突和动荡，比如法国、荷兰和德国，立法者把校园事务的管理权下放给一个由高级教授、初级教师、学生，有时候甚至是雇员等立场不同的人组成的委员会，后果可想而知。在欧洲的大多数国家中，尽管高校周期性地进行改革，但不周全的法令引起的恶果至今仍然可见一斑。

由于欧洲高校的规模越来越大，结构也越来越复杂，政府集权的劣势变得更加明显，但政府似乎不知道该如何应对此问题。欧洲大多数国家政府意识到集权体系的劣势，一些国家政府已经采取了措施，向独立院校或当地群体下放更多的权力。然而，有很多因素阻碍了权力的真正下放。20世纪60年代末的法律更加庞大和繁琐，从而使政府和律师的角色变得更加重要。此外，20世纪70年代持续的政治争斗迫使德国和法国的政府对高校进行干预，部分地收回了之前下放给高校的权力。未来，受财政紧缩的影响，欧洲国家政府也许会进行中央规划并加大控制力度，并将课程设置和招生工作与劳动力市场的需求联系起来。如果是这样，那美国将继续保持更灵活、适应性更强的体系带来的相对优势。

第三节 竞争体系的缺点

人类的任何组织方法都有缺陷，高等教育的竞争体系也不例外。

外界因素对大学内部事务的影响显而易见。众所周知，毕业后收入比较高的商学院和法学院学生的薪酬待遇、补贴和各类设

第一章
美国高等教育体系

施都优于神学院、教育学院和社科学院学生。这不是由学校决定的，而是由捐赠者的倾向、师资竞争以及其他学校无法控制的因素导致的。有的人可能会坚持说，这是由市场决定的，对专业学院特殊对待的做法从某种程度上来说也是"正确"的。但绝大多数教育者表示反对，他们并不认为有什么令人信服的理由非得特殊对待这些专业学院。大学建立巨大的橄榄球场、癌症研究项目和行为因素研究项目，或许能帮助我们找到减少吸烟的有效方法，其所获得的资金数量却有天壤之别，这些现象在他们看来都是不合理的。

这样的例子还有很多。对大学服务的群体看法不同，人们观察到的现象的数量和性质也有所不同。有些人对大学服务的群体有偏见，因而对大学的印象也很差。负面评论来自不同的政治派别。很多保守派人士认为只有少数年轻人拥有足够的智慧和自律能力去接受普通教育。面对新涌现的大量受政府资助的学生，学校不得不屈从于流行趋势和职业教育，开设一堆迎合大众口味的课程。

激进派则认为高校是腐败、不公的社会的俘虏，因此其本质也是腐败的。世界上所有高校的存在主要都是为了维护阶级制度。它们通过录取年轻人，根据他们的能力对他们进行排名，帮助他们取得证书获得雇主的信任，来为企业单位服务，为巩固统治阶级的权力服务。此外，通过奖学金项目，它们不断延续英才教育和社会流动性的神话，蒙蔽人们的双眼，以掩盖剥削经济制度的现实。[1]

对社会以及人们对大学持有这种悲观的看法是极少数人，毕竟学生希望得到良好的教育；基金会追求一流的科研成果并努力消除社会罪恶；同行评审小组不断支持最先进的研究工作；校友关心母校的发展，支持母校奖励学者，维持较高的师资水平，提供完善的设施和丰富的图书资源。如果大学必须满足所有相关群体的要求，那么它们的努力最终惠及的难道不是社会吗？

对此，很多人会毫不保留地做出肯定回答。即使如此，面对激烈的竞争，大学可能会采用不正当的手段达到自己的目的，校际体育竞赛就是一个很好的例子。为了满足人们强烈的需求，大学每年为数千名参与者和数百万名观众提供让人感到满足的节目，这明显有点过了。在校友急切的煽动下，教练和政府官员行贿作弊，甚至伪造成绩单录取最优秀的运动员并让他们代表学校参赛。更糟的是，成千上万名成绩不符合要求的学生运动员被知名大学破格录取，高校只是利用他们提高学校的运动比赛成绩，当大学

---

[1] 这听起来很糟，但加大政府监控力度却不一定有用。激进派人士相信，只有社会及其政府的模式完全转变，大学才能得到改善。这么说来，激进派所批判的不是我们的高等教育制度，高等教育体系只是本质上有缺陷的经济、政治制度的一个体现而已。

四年结束后便对他们置之不理,他们不是没有拿到学位,就是没有学到什么职业技能。高校年复一年地采用这种卑劣的手段,不仅仅是因为校园管理者的软弱,还有校友、学生甚至是州议员对学校运动队施加获奖压力的原因,更不用说狂热的观众能带来可观的电视收入。

不正当的竞争不仅存在运动领域,在学术方面也有迹可循,尤其是在资金匮乏、生源短缺的困难时期。近年来,随着年轻人数量的减少,越来越多的学校采取激进的市场营销手段。有的学校开设虚华无实的课程来吸引学生;有的学校以误导性的言论来宣传自己的课程,或恶言诋毁竞争对手。为了寻求对研究项目和设施的支持,高校越来越倾向于向华盛顿的说客寻求资金帮助,不是通过基于科学价值考虑的同行评审,而是通过说服友好的国会议员以政治理由骗取拨款。批判者还指出,有时候高校默许企业过多地干涉研究项目,或同意过度延迟发表研究结果,以获得大笔企业捐款。

即使是公平的竞争,也可能导致精力和资源的浪费。少了合作和中央规划,高校经常批准不必要的项目来满足教师的需求或建立学校的声誉。例如,在 20 世纪 60 年代,高校开设了很多三流的博士课程,导致博士生数量严重供大于求。即使是最常规的竞争,也会消耗教职工的大量精力。为了获得联邦拨款,科学家们经常要花10%到20%的时间来准备资助申请、接受拜访或在专家小组中审核其他研究项目的提案。教师以及校长、院长越来越多地将精力从教育和研究方面转移到筹集资金上，与校友交涉或与潜在学生群体交流。高校花费大量时间到别的学校"挖"教师，同时花费更多时间来避免教师的流失。考虑到独立性和竞争性带来的好处，这些问题值得我们去克服，但我们不得不承认体系的劣势的确存在。

类似的问题是高校急于满足外界需求导致的。高校试图满足人们不断提出的新要求和发展需求，这种趋势本身不是一个错误。高校乐于回应人们提出的新需求，不断尝试新的服务形式，这使无数人受益，也带来了很多有用的创新。然而，这个度有时候会把握不好，高校承担下来的任务可能会多得超出自己的能力范围。这个时候，学校高管的精力就会过于分散，开始忽略最主要的提高教学和研究质量的职责。甚至部分教师也可能因过多的咨询和社区服务活动而分心，导致用于教学、研究或思考的时间变得越来越少。

分权、自制的体系带来的最后一个大问题，也是最为国外高校诟病的一点，即人们允许教学质量低下的学校存在。任何能吸引足够多的学生来支付日常开销的学校都可以经营下去，只要其满足认证所需的最低标准便可。这些标准较低，且易达到，因为不达标的后果会很严重,因为有一些自然的约束和政治制约以防止高校落到这种地步。在国家控制的体系下,国外一些国家的政府控制预算和委任过程,它们用于维持高标准的手段更多,也更有效(这可能就是为什么在面对大量私立院校教学质量低下的问题时,日本政府同意通过支付私立院校一半的运营费用来换取更多权力以推行更高的标准),这样的控制有助于目标的实现。在英国、法国和德国等国家,有不少并不起眼的高校,但很少有真正劣质的大学。与之形成鲜明对比的是,在美国近3 000所高等院校中会有上百所高校不符合欧洲高等学府的标准。

竞争体系的诸多弊端似乎令人望而生畏,但人们看到的只是表象。招生骗局、校际体育比赛的冲突以及类似的过度竞争等行为的确展示了美国高等教育体系带来的成本代价,但并非所有其他弊端都是如此。

有人指责说,分权体系导致的过度招生或课程重复现象造成了资源浪费。的确,少了统一的规划,大学有时会开设不必要的课程或招收过多的学生,但是统一的规划是否能改善该状况却无从得知。众所周知,想拓展机会扩招的高校对政府施加的政治压力会影响政府对未来人力需求所做的决策。例如,许多欧洲国家的规划者低估了20世纪60年代学生人数的增长速度,意大利、法国和德国的政府官员没能通过控制入学人数来避免某些领域出现的低就业率问题。甚至在美国，最近也出现了最严重的一次人力过于饱和的现象：20世纪70年代过剩的博士生以及80年代过剩的医生，这不仅是市场经济的产物，也是华盛顿政府针对这些专业的学生提出的补贴政策而引起的后果。负责统一规划的官员会尽力避免课程重复，但这也可能会带来问题。短期内，这也许能减少资源浪费，基于政治因素或短期利益考虑，政府很容易会做出这样的决策。但长远来看，这样的做法是不可取的，因为我们无法预测未来哪些课程会成功。极有可能的是，高校不仅应该允许一定的课程重复，甚至需要这种课程的重复，以取得更多的学术成果。

生源和师资竞争所耗费的时间和精力似乎也是竞争带来的高昂成本，但国家控制的体系也有其沉重的负担。首先，政府监管带来的繁文缛节和官僚作风。其次，三方理事会迫使教师参加无休止的会议和争论。我们很难让一位跟政府周旋的德国校长或就一个教师岗位的委任工作跟学生争论不休的法国教授相信，计划体制下的学术生活更加乏味。

我们也不清楚竞争体系下的高校组织的社区项目是否比集权体系下的更多。美国的公立院校进行大量的社区项目，并不是因为私立院校所带来的竞争压力。相反，受政府严格控制的公立院校除了关注教学和研究项目外，还一直主动寻求新的方式来服务社区群众。公立院校愿意组织更多的社区项目，这也许一方面反映出这个国家的特殊传统，另一方面也说明学校希望借此与立法、拨款等委员会处理好关系。即使没有竞争，它们可能同样会这么做。

美国存在很多低标准的院校，这被很多国家认为是高等教育体系的弊端，但这种弊端对美国来说没有那么严重。在美国边缘学校就读的学生，可能在其他国家根本连上学的机会都没有。剥夺他们受教育的机会并不见得会更好。一些可能被欧洲知识分子嘲笑的美国学校至少弥补了公立中学的缺陷，给予了它们的学生适当的教育，并培养了学生的职业技能。这看起来没什么了不起，但却同样很有价值意义。如果其他国家也像美国这样招收数量如此庞大的学生，它们不一定能在维持教育质量的工作上比美国做得更好。如果美国的大学生来自教育质量不高的中学，那么保持高等教育质量标准的难度就更大了。

总而言之，与其优势相比，美国体系的弊端不值一提。分散的权力和激烈的竞争使美国高校更大胆、更多样化、更能适应外界不断变化的需求。这些年来，凭着体系优势，美国高校树立了自己的地位。国内外很多专家认为美国的高校更胜一筹。与其他工业国家相比，美国高校拥有一流的研究能力、优质的专业教育、更多的教学创新，成功做到向全国民众提供高等教育，并根据庞大的学生人口的不同需求和能力水平提供多样化的课程。美国曾非常关注自己的全球竞争地位，目前取得的这些成绩应该让我们感到骄傲。除了分权和竞争，其他因素如公众愿意投入高校的经费或希特勒掌权后欧洲学者的涌入，也促进了美国高校的成功。当然，赋予美国高校强大的动力和适应能力去不断改变和提升的，是美国高等教育体系的本质特征。[1]

虽然我们取得了这些成就，但我们不能自满。可悲的是，大多数工业国家的高校质量不佳，而且在过去30年很多高校的情况变得更糟。人们认为，欧洲的高等学府还没有从过去的精英教育过渡到大众教育。在它们完成这种转变之前，美国高校不能以它们为基准来评判自己的表现，反而应该不断反思自己的工作，看看自己是否具备适应社会需求的能力，以及思考该如何做出更多有价值的贡献。

反思之前，必须指出人们对美国高等教育体系抱有的一个疑问。尽管竞争似乎能带来很多好处，但我们并不完全清楚竞争具体是如何促进高等教育发展的。

在许多其他行业，我们对竞争的理解比较透彻。职业橄榄球

---

[1] 我并不是说国外的政府必须模仿我们的教育制度，因为美国高等教育反映的是美国的大文化，我们很难把这种模式生搬硬套到其他文化中。例如，欧洲有些国家的政府尝试把权力下放，但在竞争、私人捐赠和其他美国特色不存在的文化背景中，给予高校更大的自主权也许并不是一个好方法。不出意料的是，权力下放后政府往往会变本加厉，加大控制力度，以节省资金，更有效地连接大学和劳动力市场，或只是为了避免地方各派之间无益的政治争斗。

队根据既定的规则参加大型比赛，胜出的球队会发展壮大；汽车制造商通过竞争扩大自己的市场份额，努力生产出能满足消费者需求和愿望的汽车。以上案例中，尽管人们对结果的看法不同，但成功的标准还是比较统一的。

在某些方面，竞争对高等教育的作用大致相同。为了赢得更多优秀的学生，学校提供更好的运动设施、课外活动以及学生需要的其他服务；在科学领域，竞争使研究人员更加努力地创造可被检验的新知识，使高校不断为最出色的实验人员提供最好的设施。在这两个例子中，竞争带来的结果都是有益的：第一个例子中，学生消费者得到了满足；第二个例子中，科学得到了进步。

但科学领域以外的学问呢？谁来决定解构主义是否是具有持久价值的文学理论？政治理论的形式模型是否对世界有真正意义？对于以上问题，我们没有合适的方法来进行评估，也不能通过消费者满意度调查来评判结果（除非我们牵强地把文学学者和政治理论家看作他们研究成果的消费者）。其实把这些学者看成参与者会更为准确，参与过程的规则不但不明确，而且经常备受争议。在这种情况下，人们很难去评估学术研究的结果，更别说去评估追逐声誉和威望带来的影响。竞争对这类学者的影响难道只是鞭策他们做出更大的努力吗？竞争是使他们更容易随波逐流，还是更特立独行？

竞争也可能给像大学这样试图在不同领域——学术、研究、教育、招生、筹资以及其他方面取得成功的机构带来意想不到的影响。对声誉的追求会如何影响大学在各个领域分配自己的精力和资源？为了提高声誉，大学是否会公平地分配精力和资金？假如部分领域比如研究的评估工作更可靠、更直观，而其他领域比如教学的效果更隐晦，这时候大学是否能最合理地分配资源？

这些问题最终引发本书特别关心的最后两个问题——竞争是如何影响教育过程以及学术研究的发展的？显然在这两个问题上，竞争机制的作用并不像在其他领域那么直观。小提琴比赛有参赛者和听众信任的资深评委，商品的价值由消费者去评判。那么在大学里，谁来决定优质教育的标准呢？学生？家长？还是雇主？他们是否能对"好的"教育做出令人信服的定义？他们是否知道各个大学在实现他们认为最重要的教育目标时做得好不好？如果答案是否定的，那我们怎么能肯定高校的竞争机制能提高教育质量？思考得越多，问题就越复杂。在接下来的章节中，我们会回顾学院、专业院校和研究生院的教育课程发展历程，到时候这些问题会多次出现。

第二章
本科教育

在就职前几个月,我碰到了一位老熟人,他是一位阅历丰富的老人,曾在华盛顿担任高级职位,也曾在多个理事委员会就职,如今在一个颇有名气的学术机构担任领导职位。"我可以私下跟你聊聊吗?"他问,"我有一个想法也许值得你去考虑,是一个你可以在任职初期采取的非常大胆的做法。""什么做法?"我问。我的这位老熟人直截了当地说:"任职初期,在人们还没有开始吹毛求疵的时候,为何不宣布废除哈佛学院?"

我本能地保持警惕,无疑这个建议非常大胆,但似乎并不是我需要的创新想法,我决定采取缓兵之计。"这是个非同寻常的想法,"我响亮地回答道,"此建议何来?"

"废除哈佛学院,"他回答说,"意味着你明确承认本科教学已经成为现代大学中一件不合潮流的事情。教授是做研究以及教研究生做研究的。给大一学生讲经济学基础理论或者给大二学生讲欧洲历史是在浪费学者的才华，他们应该把精力放在他们擅长的研究上。"

在对话过程中，各种各样的实际问题在我脑海中浮现。教室谁用？大量的本科生宿舍谁住？损失的学费收入谁来弥补？我们该拿橄榄球场怎么办？但当时不是提出这样微不足道的细节问题的时候。我向这位老熟人道谢后便结束了对话。

在接下来的几年里，我偶尔想起这个建议。除了宿舍和教室会得不到利用等之外，为什么我本能地抗拒这个建议？也许是因为少了本科生，大学会变得单调无味。毕竟，本科生在戏剧表演、球赛、学生报社、音乐活动以及其他一些方面为校园带来了最多的活力、生机和繁荣。

也许当时我也隐约感觉到后来自己亲身观察到的一点：对于某些本科生而言，能享受到只有大学才能提供的学术机会，师从那些不仅仅传授别人知识而且自身也在不断寻找新知识的教授是一件多么有价值的事。对于这些学生来说，即使学者和科学家不擅长教学，但至少他们能为学生提供真实的信息、深刻的理解，以及因不断创造新知识而培养出来的敏锐的洞察力。

第二章
本科教育

最后，我拒绝废除哈佛学院，可能也是出于这样一个信念：大学里的本科生学院存在的主要好处之一是，它让学院的教授有义务向缺乏领域专业知识但有才华的学生讲解他们擅长的科目。想要扩大研究的利益和关注范围，学者需要做的也许就是使感兴趣但缺乏学科专业技能的人群能够理解他们所掌握的专业知识。20 世纪 70 年代初进行的一项调查能说明，也许这就是为什么哈佛大学的教师认为本科生是他们接触到的最能带来启发和刺激的学生。

不管教师对废除哈佛学院有什么看法，校友的态度很明确。哈佛学院的校友似乎坚信哈佛学院才是哈佛大学的中心。在学校宣布任命我为哈佛大学校长后不到 24 小时，一位校友首先问了我这个在之后几个月里我会一直重复听到的问题："你是第一个没上过哈佛大学的校长吗？""可是我上过哈佛呀。"我答道，并回想起在哈佛法学院的求学之苦以及上缴过的多张支票。"当然，"该校友回答说，微微一笑，"我的意思是，你是不是第一个没有上过哈佛学院的校长。"

我没有再跟他争论。相反，我高兴地指出，我不是唯一没上过哈佛学院的哈佛大学校长。在 24 位前任校长中，第一任校长也没上过哈佛学院，因为那时候还没有哈佛学院。当哈佛学院理事会在下一届毕业典礼上突然授予我荣誉学士学位时，我甚至能欣然接受。几位庆典参加者好心地给我指出说，我终于成了一个"真正的"哈佛人。

为什么本科学院在校友和许多美国高校心目中那么重要？在欧洲，学生在文理中学接受普通教育，毕业后就直接参加某种形式的专业课程为日后工作做准备。即使在美国，很多人会以为学生最感谢的是专业院校，因为专业院校帮助他们培养了日后职业生涯所需的技能。但美国的本科学院的数量远远超过研究生院或专业院校的数量，其校友忠诚度一直最高，给校友带来的回忆也最持久。正如路易斯·奥金克洛斯（Louis Auchincloss）所说："人在17岁到21岁这个年龄段所经历的事给人带来的情感最强烈。虽短短四年，却能让人受益一生。"[1]

与大多数能使人们产生强烈情感的机构一样，大学经常受到那些害怕大学会走向没落的群体的密切关注。在过去两年，人们在对公立学校的状况表示强烈不满后，有了一种预感——又到了要审核本科教育质量的时候了。关于本科教育的价值和学生所需达到的标准的报告开始出现。但其结果令人堪忧，美国大学协会

---

1 Louis Auchincloss, *Yale Alumni Magazine*, June 1974, pp.7, 9.

指出："衰落和质量下降的迹象无处不在。"[1] 美国教育部部长在一篇关于人文学科的报告中指出:"太多高校没有明确的教育任务,它们对毕业生该掌握哪些知识以及学生该成为怎样的人根本没有任何概念。"[2]

这样苛刻的评论背后是有原因的。其中一个我已经提到过了,在权力下放和缺少监管的高等教育体制下存在众多质量低下的学校。第二个原因是,20 世纪 60 年代上升的高校入学率以及电视普及、家庭解体、许多公立学校学术标准下降等因素共同导致过去 20 年新生学术素质持续下降。随着招收的低素质学生数量越来越多,学校不得不牺牲常规课程的质量来进行更多的补救工作。第三个原因是招生形势的改变。伴随着 20 世纪 70 年代经济停滞,就业变得更加困难,大多数学生从文科转到职业导向型专业上去。面对学生人数递减带来的日益激烈的竞争,许多学校降低了学术标准,增加了职业专业,同时减少了本科生需要修读的文科课程。

虽然上述因素对文科课程造成了深刻的负面影响,但没有任

---

[1] Association of American Colleges, Project on Redefining the Meaning and Purpose of Baccalaureate Degrees, *Integrity in the College Curriculum: A Report to the Academic Community* (Washington, D.C.: Association of American Colleges, February 1985), p.1.

[2] William Bennett, quoted in Malcolm G. Scully, "Endowment Chief Assails State of Humanities on College Campuses," *Chronicle of Higher Education*, November 28, 1984, pp.1, 16.

何一份批评本科教育的报告对这些因素进行过详述。作者没有对此做出解释，而是选择去指责本科课程不符合要求，去讨论学生为了成为适应当代生活的全面发展的人应该修读哪些课程。在强调课程问题时，这些报告并没有只针对那些在倒闭边缘挣扎的或专注于职业课程的学校，而是针对所有大学，包括研究型大学。针对这些批评，我们可以提出几个重要问题：知名学校的本科教育质量也有严重缺陷吗？如果是这样的话，问题的根源在于课程吗？有其他需要我们注意的、能给我们带来更多成效的做法吗？

第一节 课程大辩论

人们对博雅教育课程的关注并不是一个新现象。在所有话题中，博雅教育课程一直都是校内外教育辩论的焦点。如何全面地教育一个人？这个话题让人无法抗拒。学生对课程的选择偏好似乎能为青年态度的转变提供重要线索。人们认为在知名大学里，教师对本科生的要求在改变，并为此争论不休。这种争论为文化及其价值观的演变提供了早期预警。

其实，就算是研究自1900年以来的课程改革历史的人可能也不会认为课程改革在美国文明进程中扮演过任何重要的角色。在这一时期，所有基本问题都没变。几乎所有重要的提案都被尝试过了，但没有任何一个做法被一致认同，也没有任何辩论得出了最终的结果。尽管我们很少提出新的想法，但辩论的过程却是很重要的。我们会发现，辩论的重要性不在于教师会议上所讨论的或报纸期刊上所报道的具体的辩论内容。

关于博雅教育课程的争论，有三个问题会反复出现。第一个问题是硬性规定的课程与学生自由选择的课程之间的平衡。那些主张学校硬性规定课程内容的人认为，大学生太年轻了，不知道什么课程真正重要，容易倾向于能带来短期利益或比较实际的课程。而那些提倡给予学生更多选择自由的人则认为，学生的兴趣爱好太广泛了，不应该强迫他们修读同样的课程。这些人与霍华德·蒙福德·琼斯（Howard Mumford Jones）一起支持"本科生在课程选择上犯错误的权利"。[1]

最健全的课程设置一定不是完全由学校硬性规定的，也不是完全由学生自由选择的，而继续就这一问题争论下去，估计永远也不会得出具有决定性的结果。即使是这样，这个话题仍然不断吸引人们，尤其是保守派的关注。在保守派眼里，课程改革降低了对学生的要求，给予了学生更多的自由选择的权利，这无疑是消费主义的再一次胜利，也是高校教学质量和文科教学的再一次失败。根据一些评论家所写，本科学院似乎陷入了长期的混乱、

---

[1] Howard Mumford Jones, "Undergraduates on Apron Strings," *Atlantic Monthly*, October 1955, p.45.

松散的衰败状态。然而这是对历史的一种错误解读。的确，很多学校在20世纪60年代末和70年代初放松了对学生的要求，但这样的波动一直以来都在周期性地出现。事实上，一些知名学校在第一次世界大战以前对学生的要求比现在的所有大学要低。哈佛大学最伟大的校长之一埃利奥特一生都在坚定地支持由学生自由选择课程。到1900年，他已经取得了很大的成功。

　　第二个问题是如何扩大学生教育的知识面。经过几十年的讨论，人们分成三个相互对立的派别。第一个派别强调传授明确的知识体系的重要性，这样的知识体系通常包括一系列伟大的作品。正如阿兰·布鲁姆（Allan Bloom）所说："哲学和人文学科通常要求学生专注于经常被评为伟大著作的书籍。这是因为这些书籍通常是由一些我们无法亲自与之交流接触的大师所作；在这些著作中我们能找到人们认为理所当然的论点；它们代表了被遗忘的其他书籍。"[1] 第二个派别强调熟悉人类理解世界的主要方法的重要性——理解和探究文学、艺术、道德、哲学、历史、经济、社会以及物理和生物现象的方法。他们把本科教育看作学生拓宽未来职业知识领域的基础。第三个派别提倡学校规定学生修读若干学科的若干课程，比如社会科学、自然科学和人文科学等。这种

---

[1] Allan Bloom, "The Failure of the University," *Daedalus*, Fall 1974, p.60.

做法的前提是,不同学科有其独立的、有价值的理解世界的方式,要求学生修读多个学科的多门课程能有效地开阔他们的眼界。

各派别提倡的方法都有其坚定的或充满激情的支持者。第一个派别的人抱怨很多本科毕业生根本没读过莎士比亚、亚里士多德或洛克的著作。对他们而言,规定学生修读某学科下的某必修课程无异于经营一家只迎合学生口味的餐厅,而强调培养思维方法的课程只是"竞争院校和学科之间政治妥协的产物"。[1] 强调思维方法的一派认为,分类必修课程不够严谨,但他们不同意对于一个知识浩瀚、日新月异的世界来说,其著作单过于死板和主观的说法。提倡学校规定学生修读若干学科若干课程的第三派别的人则为其方法的易于操作而暗喜,毕竟学院不需要准备特殊的课程。他们认为,大学生足够成熟,他们能通过自己的方式去实现教育的宽度,而且假如他们有更多的选择自由,他们会更有学习的动力。

根据以往的经验,未来任何一派的方法都不可能完全优于另外两派。相反,每一派都会逐渐融入另外两派之中。提倡培养思维方式的第二个派别会把伟大的著作列入学生的阅读列表中;第一个派别以著作为主题的研讨会中将考察每位作者所采用的探究

---

[1] Bennett, quoted in Scully, "Endowment Chief Assails State of Humanities," p.16.

方法；第三个派别会硬性要求学生修读某些看起来更重要、更根本的学科课程。随着各派别做出的调整，它们之间的方法差异会逐渐模糊，最后要说哪一个派别的主张明显优于另外两个派别就更难了。

第三个问题是如何实现整合——如何教学生将他们所学到的知识进行融会贯通，并应用不同的分析模式和思维体系去解决人类遇到的重要问题。为了实现这个目标，有的本科院校在大学最后一年推行"重大问题"课程，有的学校则尝试推行毕业论文。有些改革者甚至试图开设以整合为主题的一整套课程，比如亚历山大·米克尔约翰（Alexander Meiklejohn），他在威斯康星州让学生在大一学习"雅典的黄金时代"，在大二学习"美国文明"。

在过去 25 年中，关于解决整合问题的各种巧思妙计被写进美国国家人文基金会或其他少数对教育创新感兴趣的基金会的档案当中。其中很多想法吸引了投资并将这部分资金运用到课程上。然而，进行此类试验的大多是小型院校，而非名校，这是学科专业化的产物。致力于研究特定领域的教授不愿意花大量时间去掌握与其学术工作没有多大联系的其他学科知识。只有以教学为中心的学校才会有大量教师不断努力去整合多个领域的知识。

许多评论者会指责说，由专家教师教授的本科课程之间缺少连贯性。他们对学院教师愿意容忍"扼杀当代课程活力的学科边界存在"[1]的行为表示谴责。然而公平来说，我们需要认识到，至今还没有人整理出一套能帮助学生学会理解、概括和形成概念的方法来整合不同学科的知识和研究模式。开设面面俱到——从煤的科学性质到保护环境免受酸雨危害的政策困境——的能源综合课程当然是极好的。但有人质疑，学完这门课程以后学生是否能学到有用的方法来思考除能源以外的其他问题。比如英语专业的学生能理解新的文学作品，经济学专业的学生能预测未来变化对货币供应或收支带来的影响，那么学了这门能源综合课程的学生又能学到哪些类似的技能呢？如果说大型大学很少谈及如何实现整合，那不是因为学校教师认为整合不重要，而是因为他们并不清楚该如何实现整合，或者他们能为学生传授什么样的整体性的概念。

纵观围绕上述三个主要问题进行的讨论和争辩，人们几乎没有向新的愿景迈进。然而，讨论没有结果不代表讨论不重要，远非如此。任何一所大学如果不每15到20年对其本科教育进行全面审查，就会面临巨大的风险。妥善的审查工作能鼓励专家学者聚集起来商讨本科教育中的共同目标。讨论所激发的兴趣往往会提高更多高级教师对本科教学的积极性。课程设置的修订意味着

---

[1] Alfred North Whitehead, "The Aims of Education," in *Alfred North Whitehead: An Anthology*, ed. F.S.C. Northrup and Mason W. Gross (New York:Macmillan, 1953), p.92.

学校会增加新的课程，而新的课程意味着教师必须投入更多的精力和活力，抛弃以往的讲义，为新课程注入新鲜的内容。更重要的是，尽管许多课程设置和教学理念不同的大学都取得了巨大的成功，但是假如教师们缺乏信心的话，学院几乎不可能有优秀的表现。假如没有定期的讨论和反思，课程会逐渐失去大方向，慢慢变得无形。没有人能看透教育事业，或清楚自己的努力与同事的努力之间有什么关联。在这种情况下，坚持认为某种模式优于其他所有模式是执迷不悟的。然而，拥有共同教学理念的教师队伍肯定会远远优于没有任何共同教育理念的教师队伍。当一个本科院校长期没有合理的目标时，该院校本科教育很可能会越来越差。

由哈佛大学推行的核心课程引发的讨论很好地阐明了这些看法。该核心课程是许多教师努力工作的结晶，强调掌握某些基本技能以及熟悉主要思维模式和调查方法的重要性。课程一经推出，记者便将之公之于世。为了制造噱头，媒体把它称为高等教育的重要事件，意味着基础学科的回归以及对本科教育必修课程的重新定义。在竞争激烈的学术界，这种褒奖的言论无疑像在公牛前挥舞的红布一样具有煽动性。一些评论者认为哈佛大学想借此获得学术界的领导地位，并对此举表示反感，并反驳说自己的本科学院长期以来一直都有核心课程。另一些评论者则坚持说，哈佛大学的核心课程只是将各学科的冷饭回锅做成大杂烩而已。

　　争议最终只是重燃了竞争对手的嫉妒和过往的争论。不管课程是否真的新颖或者是否符合所有人的口味，辩论确实带来了一个关于本科教学的人人都能朝之努力的共同理念。经过20年致力于课程研究、分级训练和不断完善后，哈佛大学教师开设了超过100门完全原创或根据以往课程改编而来的课程，以供核心课程选择。学生选择修读的核心课程数量超过毕业要求的60%。核心课程中至少四门必须由终身教授授课。突然之间，问题不再是如何说服学院教师讲授普通教育课程，而是怎么跟生气的同事解释为什么他们的课程没有被纳入核心课程。所有这些结果对学生而言都有真正的价值意义。

第二节　博雅教育更加实质性的变化

　　在20世纪，也许本科课程并没有向任何明确的方向发展，但是博雅教育在其他重要方面有了很大的变化。其中很多是人类知识储备增长以及变得专业化的结果。新的学科，比如生物化学逐渐形成，一些以前被认为高级的、先进的科目如今被归为基础课程。社会发展也带来了一些变化。随着美国在世界上扮演的角色越来越重要，课程中出现了更多关于其他国家和地区的课程；在相应的社会运动后，关于妇女研究、美国黑人研究和环境研究等新课程也应运而生。

除了逐渐添加的新课程外，大学也在其他方面得到了很大的发展，而这些发展改变了美国的本科教育。这些变化中的大部分从未成为委员会报告或教师讨论的议题；这些变化几乎是不为人知地悄然发生了。然而，随着时间的推移，它们日积月累的影响带来了大学生活质的变化，特别是以下三个发展代表了过去75年博雅教育的重要变化。

一、更加复杂

随着知识变得越来越多也越来越复杂，加之人们普遍不确定什么是永恒的，什么值得相信，什么真正重要，各个学校的教育目标不一致，希望培养的学生文化素质也有所不同。在世纪之交，我们发现，有的教育者宣扬心智训练，有的教育者强调实践技能，还有的教育者主张传授通过学术研究和科学调查获得的知识。然而不管哪一种，其重点显然是传播大量的真实信息以及一系列公认的理念和原则。学生主要靠记忆就能在本科学习中取得优异的成绩，他们很少会遇到有冲突的价值观或没有最佳解决方案的问题的挑战。

下面是写于20世纪70年代的一段话：

教育最关键的是……尝试让学生从多个不同的角度审视自己和社会，以检测自己以前做过的假设。学校应该努力创造条件去

第二章

本科教育

促进学生在智力、道德和情感方面的成长,在帮助他们建立成熟、人性化的价值体系的基础上培养其他技能。批判性教育特别鼓励学生不断更新他们的目标、对世界的认知、思维方式以及对自己扮演的社会角色的看法。[1]

早期的教育者非常重视的一个问题是,学生通过获取足量信息以及观察和模仿智者能得到什么发展。现在高校所处的世界似乎更加艰难、更具挑战和更加复杂,有许多相互矛盾的观点和看法,也面临很多没有答案的问题。在这样的环境下,知识本身是不够的,对复杂问题进行理性思考的能力变得越来越重要。在瞬息万变的社会中,不拘泥于教条、充满人文价值的批判性思维也许是教育最重要的目标。

在本科生的伦理教学历史上有过类似的转变。美国南北战争前,大部分本科生毕业前修的最后一门课是道德伦理课,这通常由校长来讲授,主要是对当时的价值观的阐述,以及这些价值观在重要的社会和个人问题上的应用。讲授道德伦理课的教授笃信他们所阐述的价值观;他们坚信努力遵循这些道德伦理的学生都能过上体面的、有原则的生活。然而到了19世纪末,社会和人类行为研究开始分化出许多不同的学科,在复杂的工业社会面前,

---

[1] Kenneth Keniston and Mark Gerzon, "Human and Social Benefits," in *Universal Higher Education*, ed. Logan Wilson and Olive Mills (Washington, D.C.: American Council on Education, 1972), p.53.

人们之前在价值观上形成的共识开始瓦解。实用的道德伦理课逐渐消失，代之以理论或元伦理学课程，人们认为教授的学问应该是科学的，不应该受价值观的影响。当道德伦理课在20世纪70年代重新出现时，学生们再一次有机会将道德原则应用到现实生活的问题当中。但教师已不再向学生灌输世人公认的道德规范或者为学生提供当今重要道德问题的答案，否则就会被认为是教条灌输。相反，教师更专注于教授学生如何思考道德问题并根据不同的伦理理论对问题进行分析，帮助学生找到自己的答案。

同样的趋势在1900年以来哈佛大学多个学科的考试中也得到了体现。由于考试最能说明教师希望学生掌握什么知识，因此多年来试题的变化趋势特别具有启发意义。在20世纪早期，超过90%的试题只是要求学生复述某些客观事实、描述他人的观点或者给历史事件排序。"在地图上标出参加过十字军的法国国王的路线（历史，1906）。""画出任意类型的蒸汽涡轮机的草图并解释其工作原理（工程，1905）。"学习的重点在于记忆，学生通常不用解决复杂的问题，更不用说探究没有确定答案的问题。

随着时间流逝，考试的性质发生了变化，越来越多的问题强调分析而不是记忆或描述："针对15世纪在英格兰、法国、德国和意大利出现的中央集权的大趋势，经济在哪些方面比政治更重要（历史，1971）？"到了1960年，人文学科和社会科学的一半考试试题要求学生从多个角度讨论复杂的问题。此外，与早期的考试不同，有固定答案的试题明显减少。

　　复印机和平装书的出现极大地改变了教材的类型，从而推动了教学目标的改进过程。30年前，教师可以让学生只买一本教材，可能再额外布置阅读图书馆的某些书籍，但学生往往不会真的去借阅。那时候，在大多数课程中，学生主要学习课堂笔记上的内容以及由单一作者发表的与学科内容相关的一些想法和信息。如今，教师可以发放更多的学习材料，使学生了解不同的观点。这样，当代科技使学校得以更好地"让学生从多个不同的角度审视自己和社会，以检测自己以前做过的假设"。

二、课外活动机会

　　本科教育的第二个重大变化发生在正式的课程学习之外。随着学校对学生生活各方面的影响逐步扩大，该变化逐渐明显。我并不是说大学通过制定越来越多的规则来严格管理本科生；相反，在缺少单一价值体系的社会中，以前教师即父母的思想不再适用。父母对孩子的教育有很多不同的看法，这种情况下，学校更不可能去替代父母的角色。大学能做的是在大学期间为学生创造更多机会，给予学生更多的选择自由，让学生过自己想要的大学生活。

　　学校采取的一个做法是增加本科生宿舍。现在几乎所有私立学校的文理学院都为大部分学生提供宿舍，一些主要的公立大学也是如此。到1965年，公、私立大学有超过60%的本科生住校。渐渐地，更多的学术、文化和课外活动开始在本科生宿舍区举行。耶鲁大学、哈佛大学、莱斯大学，现在还有普林斯顿大学以及其他一些大学的本科生宿舍都配有学院指导教师并举办一系列课内外活动。其他一些大学建立起围绕语言或文化学习的小型宿舍，也有一些大学安排学院教师或研究生辅导员入住本科生宿舍楼。

大学在组织各种课外活动方面也发挥了越来越大的作用。尽管课外活动在19世纪就出现了，但无论是数量上还是形式上都在不断发展。学校赞助越来越多的校际运动队，扩展了广泛的校内活动，最近还开始为学生提供网球、激流独木舟和功夫等娱乐性的"终身"运动指导课。任何注重自身发展的大学都有其戏剧社、管弦乐队、流行乐队、歌唱团以及其他文化活动来满足有不同喜好和才艺的学生。类似地，学校也为那些对辩论、社区服务、国际关系、政治和其他各方面感兴趣的学生开展相关活动。

同样，大学通过为学生提供咨询服务以扩大对学生生活的影响。大学一直以来都为学生提供学业上的指导。然而四十年前，即使是位居前列的本科院校可能也只雇用一个兼职心理医生。现在，大多数学校都有各种类型的辅导员和心理医生，为超过10%的本科生在大学四年里提供过至少一次咨询服务。许多学校也会雇用牧师来满足学生的精神需求。此外，学校还有专家为学生提供能力测试、学习困难评估以及时间和压力管理指导。在体育系,学校甚至会安排专门的老师来满足体育生的学习需求。

学生在大学期间和毕业后的就业问题也越来越受到学校的影响。越来越多本科生在学校里找工作,特别是现在校园工作因联邦工作学习计划获得国会的资助。此外,学校在暑期计划和毕业后的人生规划上也为学生提供了越来越多的帮助。学校指导学生如何找工作或申请专业学校。学生可以获取大量的有关学习和就业机会的资料,雇主纷纷到校园举办招聘会。学校除了提供咨询服务之外,还开始为暑期学习项目和海外研究生项目提供资助,为学生争取在华盛顿和州首府实习的机会,甚至动用校友资源为海外留学生找工作。校友也会经常向母校寻求就业指导(以及职业中期的职业教育),因此学校对学生的影响远远超出本科四年。

学校在学生服务方面做的努力部分反映了学校尽力满足学生要求的纯粹愿望。然而逐渐地,课外活动不仅仅是有用的服务,更成了教育过程中不可或缺的一部分。教育者指出,任何一所学校假如只注重对学生学习和认知能力的培养,而忽视学生参加集体活动的重要性,剥夺他们相互合作依赖的机会,那是很危险的。而课外活动,无论是体育队还是学生报社,无论是戏剧社还是歌唱团,都是为学生提供集体活动机会的重要途径。越来越多的人认为,课外活动不仅仅是一种娱乐,它还能培养学生的合作精神和责任感。

与课外活动一样，学校提供的其他服务也被认为对学生的个人成长具有重要影响。就业指导中心不仅是工作信息的来源，它还能帮助学生找出自身的优势与劣势并培养长期兴趣。心理咨询不再仅仅是一种治疗，它还能促进学生的个人发展和内心成熟。当代高校不仅专注于教学，还担负着促进人类全面发展的重大责任。

三、学生群体多样化

博雅教育的第三个主要变化是学生群体更多样化，这个转变在许多方面都得到了体现。私立学校积极招收拥有包括音乐、表演、领导力、写作和运动等不同特长的学生。在联邦政府的帮助下，公、私立学校通过提供更多奖学金来吸引更多来自贫困家庭和中产阶级家庭的学生。对某些学校来说，至少有校友在帮助学校招收来自全国各地的学生。自20世纪60年代末以来，种族多样性成了大学招生的一个重要新主题，现在大部分大学的本科生中西班牙裔、黑人、亚洲人和印第安人的总比例超过10%，有时甚至超过20%。外国留学生的数量也在迅速增加，截至1985年美国共计有接近二十万名外国留学生。总的来说，这些变化彻底改变了美国大学生的本科生活。现在很少有学校的学生群体完全来自同一个族群，几乎所有学校都希望他们招收的学生来自不同文化背景和种族，拥有不同的才能。

伴随这些变化的是学生生活模式的明显变化，全国开始出现学生混合的现象，绝大多数学校开始让男女学生一起上课。试图将黑人学生的生活单元隔离开来的激进分子遭到了人们强烈的反对。不仅是学生宿舍，学生俱乐部、兄弟会和姐妹会中的性别、种族、宗教或社会阶层等障碍也逐渐减弱。近年来，越来越多的私立学校取消了兄弟会和宿舍区俱乐部，取而代之的是为多样化的学生群体提供的生活单元。

从某种意义上说，这些方面的发展得益于人们熟知的反对歧视、机会平等等社会压力。然而，大学不仅适应了这些社会压力，还改变了自身的教育理念，把这些变化看作促进学生发展的重要过程。顺应传统价值观以及人们理解社会的普遍方式逐渐瓦解的趋势，教育者越来越强调本科生之间的"三人为师"效应。在一个有"多种不同看法"的社会当中，学校更应该招收来自各种背景、拥有不同经验的学生。假如说不同背景的学生分享自己的经验是教育过程的重要组成部分，那么任何将学生按种族、背景、兴趣进行区分的做法都会阻碍学生多样性的发展。学生混合开始成为一种优势，甚至连兄弟会也有排他的嫌疑。

怀疑论者也许会说这是"事后诸葛亮"，这种说法太轻率了。很多大学在平权运动盛行之前就宣扬多样性的教育价值。私立学校冒着疏离在校生和校友的风险取消兄弟会，这并非是投机取巧。如果学生混合的呼声反映的不是学生最真切的建立男女友谊、互助关系的愿望，那么不管学生如何提议，学校也不会支持。大学所做的是欣然接受更宽泛的教育理念，把多样性和更多的学生互动视为完整本科生活的重要部分。

第三节 博雅教育的目标

这种宽泛的教育理念体现了学校制定的一系列目标，这些目标因其多样性、广度以及促进学生个人和智力发展的宗旨而显得崇高。其中最普遍的一个目标是：本科生应有足够的知识储备，既能在深度上掌握某个领域的精髓，同时在广度上也能对其他不同学科有所认知。他们应该培养具有个人风格的良好沟通能力以及适当的定量分析技能，掌握至少一门外语以及清晰的、批判性的思维模式。他们应该熟悉人类获得关于自然、社会和人类自身的知识的重要探究方法和思维模式。他们应该对具有不同价值观、传统和制度的其他文化有所了解。利用学校提供的探索机会，他们应该培养长期的知识和文化兴趣，深刻认识自我，最终能够对未来的生活和职业生涯做出更好的决定。通过与来自不同背景的学生一同学习和工作，他们应该有更高的社会成熟性，并对人类多样性更宽容。最后，也是很重要的一点是，他们应该享受大学生活，或至少日后当他们回想起大学生活时，本科四年会是他们兴趣最多、最有激情的一段时光，能给他们带来特别难忘的回忆。

这些目标表达了许多美好的愿望。但目标是一回事，实现目标却是另一回事。关于大学的目标实现程度，我们又有多少了解？

这是一个难以回答的问题，原因有以下几个。首先，我们很难找到合适的测量方法来评估大学在上面提到的目标上实现的进步。即使是对写作能力的判断也是非常主观的，我们也无法精确衡量诸如道德推理和分工合作等能力。其次，研究人员没有兴趣去研究本科生在大学期间掌握的内容和技能可以持续多久，也许是因为将大学生活从学生的其他体验中抽离出来单独分析其影响是非常困难的。最后，我们很难判断本科生在大学期间取得了多大进步；更难确定的是，假如学生没有去上大学而是选择工作或有其他安排，他们取得的进步是否比在大学期间少。很少有研究者将大学生和停留在高中学历的年轻人进行配对比较，这样的研究非常困难。一组选择去上大学而另一组没有，这就意味着两组研究对象有不同的观点和动机，这些观点和动机与大学生活本身一样，影响着两组对象的智力发展。

由于上述问题，我们用以说明本科教育效果的论据不甚完美：个别研究者将上大学和没有上大学的年轻人做比较；很多研究者使用不同信度的测试来评估大学生在包括实体知识、数学能力或批判性推理能力等不同方面取得的进步,还有一些校友问卷调查了解校友对在大学期间有什么收获的想法。对这些论据进行详细的审查后,霍华德·鲍恩(Howard Bowen)做出了以下总结:[1]

最大的可估量的进步在于学科知识的积累。鲍恩认为本科教育对知识积累的过程具有深远的影响(完全标准偏差)。普通水平的大四学生拥有的学科知识量达到了大一排名前16%的学生的水平。

学生在口语表达、文学赏析、艺术以及长期兴趣的培养和对不同观点的接受能力等方面取得了一些进步(半个或稍多于半个标准差)。

一些测试结果显示,本科生在批判性思维上取得的进步很小,但不同研究的结果差异很大,人们不知道该如何解读这些研究结果。在这个方面,校友的意见相对比较正面,至少75%的校友认为他们的思维能力得到了"较大的"或"不小的"提高。

数学专业或所学课程经常涉及数学的学生定量分析能力似乎有了相当大的进步,而其他只学习数学入门课程的学生的定量分析能力很快就回到了高中毕业时的水平。

学生对自己的兴趣、能力和局限性的认知似乎有了显著提高(接近完全标准偏差)。虽然他们在个人和职业目标方面取得的

---

[1] Howard R. Bowen, *Investment in Learning: The Individual and Social Value of American Higher Education* (San Francisco: Jossey-Bass, 1977), pp. 63—136.

进步较小,但仍然比较显著。

本科生对不同观点的容忍度有显著提高,偏见、教条主义、专制主义和民族中心主义有所减弱,没有证据能说明大学在善良、同情心、利他主义和友善等品质的培养工作上成效较差。

由于缺乏有效的评估方法,大学无法对学生在道德敏感度或性格方面的发展做出可信的评论。然而有意思的是,毕业生倾向于认为大学在这些方面对他们没有产生什么影响。

人们普遍认为,课外环境对普通教育目标的实现具有重要的影响,这也得到了很多研究结果的支持。一些研究人员发现,住校生在自我认识、对他人的容忍度以及人际关系技能上取得的进步比通勤学生明显要大。哈佛大学的一项调查探讨了课外活动与学习效果之间的关系。研究结果表明,完全不参加课外活动的以及少量、过度参加课外活动的学生学习效果明显较差。只要不过度,学生参加的课外活动越多,他们的能力提高得越快。

哈佛大学的研究结果支持了亚历山大·阿斯汀(Alexander Astin)提出的理论,本科生越是积极地参加某些或全部大学活动,他们越是能在大学实现较多的发展。[1] 根据这个观点,课外活动与学习不是竞争关系,课外活动很少会影响到学生的学术表现。相反,适量参加课外活动似乎能提高学生的自律能力,提高其学习效率

---

1 Alexander Astin, *Achieving Educational Excellence* (1984).

和质量。

第四节 该采取什么措施？

上面提到的研究结果表明，在帮助本科生实现更高的学术目标上，学校所做的努力并没有带来很好的效果。普通水平的大四学生拥有的学科知识量与大一排名前16%的学生一样，这没有什么值得高兴的；更让人苦恼的是，研究表明学生在批判性思维和说明文写作上几乎没有什么长进。当然，这些研究采用的部分或全部方法都可能有缺陷，但研究结果本身并不出人意料。事实上，虽然本科学校努力提供新的设施、活动和服务，但它们花费在增加学生学习上的时间却非常少。

很多教育者可能会对此表示强烈反对。他们会反驳道，院长和学院教师修订课程和开设新的专业，难道不是在改善教育质量吗？学院教师边设计新课边改善旧课，难道不是在改善教育质量吗？这样的反应是可以理解的。但事实上，学院教师和管理层聚集起来共同研究教育问题时，几乎将所有时间都用于讨论学生该学什么，而不是学生如何能提高学习效率或学生所学内容是否足够。支持开设新专业或进行课程改革的教师通常并不清楚这些举措是否真的能帮助学生实现学校的教育目标，而且他们很少，甚至从来没有，真的花时间和精力去寻找目标。

然而在过去的几年中，这些话题引起了新的关注。政府官员

第二章
本科教育

突然开始关心学生学到多少内容以及昂贵的本科课程能给他们带来哪些益处。引用威廉·贝内特（William Bennett）的说法："教育部必须对它们资助的学生以及纳税人负责，设法保证教育产品的质量，让高等教育消费者对教育服务有信心。"[1] 随着高等教育成本的不断增加，越来越多立法者发出同样的呼声，要求评估学生取得了多少进步，是否适合毕业或进入更高级别的课程。

满足他们要求的最简单的方法是要求学生在本科学习期间定期参加标准化考试。有几个州，包括佛罗里达州和田纳西州已经采取了这种做法。但是标准化考试也有严重的缺陷。假如考试过于简单或者考试结果不太重要，那么无论是学生还是教师都不会太重视，标准化考试只会是浪费时间之举。假如考试很难，考试结果非常关键，决定学生是否能毕业或州政府会给学校多少资金，那么标准化可能会损害教育的发展。教师会开始采用应试教育模式，而学生也只会专注于应付各类考试。虽然这能保证学生能掌握最基础的知识，但目前还没有任何标准化考试能全面考虑到本科教育的多个目标，甚至连恰当评估最重要的目标的实现程度的方法也没有。这些考试一般强调记忆历史事实以及掌握简单的技能。如果不进行任何改革，那么它们并不适用于评估学生是否对

---

1 William Bennett, Address before American Council on Education at Miami Beach, October 28, 1985.

社会公正问题有清醒的认识，是否能对绘画作品或文学作品进行深度赏析，是否有更强的求知欲，对自己的能力和局限是否有更深刻的理解。因此，过于强调标准化考试会使教学过于重视单一的不完善的评估标准而变得平庸，逐渐失去多样性。这样的政策对教师来说没有吸引力，更不用说对优秀的学生，因此很难广泛调动师生的积极性来提高教育质量。

一个成功的改革策略必须要让各高校的教师共同努力，在改进课程的同时提高学生的学习效果，但高校在这个方面所做的努力少得令人担忧。然而，还是有部分美国高校的教师已经开始尝试制定一些共同目标并努力付诸实现。这些学校不是最有名气的，加起来也占不到美国高校总量的百分之一，但却最能体现改善本科教育所需的坚定而广泛的努力。

这些学校开始推行能力教育的理念，纷纷制定明确的能力教育目标，以改革先驱阿尔维诺学院为例，学校为学生制定了以下目标：

1. 培养良好的沟通技能。
2. 提高分析能力。
3. 提高解决问题的能力。
4. 提高价值判断能力。
5. 提高社交能力。

6. 理解个人与环境的关系。

7. 发展对当代世界的认识和理解。

8. 培养对艺术的理解和敏感度,掌握人文学科知识。

学院教师共同商定评估这些能力的标准,并设计评估这些能力的方法。这些方法通常比较特殊,需要学生完成要求较高的学习任务,而非简单地参加书面考试。实际评估工作通常不是由课程授课教师进行,所有学生必须通过评估才能毕业。因此,教师不会举行考试,更别说根据成绩给学生排名,他们只致力于帮助学生最大限度地展现自己的能力。

这样的体系会使教师的行为和动机产生巨大的转变。学校花费更多时间和精力去制定共同目标以及找出合适的评估方法。授课教师花费大量时间去思考如何提升学生的学习表现。由于学生考核工作由外部评估人员根据外部标准进行,授课教师失去大部分自主性,必须调整教学内容以满足学校制定的目标。他们能从新一轮的评估工作中看到自己的工作成效,这样那些做得不足的教师就会不断反思自己的工作,努力寻找更好的办法来提高学生的学习质量。

我们可以预料到,研究型大学的教师一定会强烈反对这样的体系。他们不愿意无休止地进行以目标和评估为主题的讨论,也不愿意调整教学内容和方法来达到他人制定的标准和目标。大多数教师在给本科生上课的同时，也在努力培养下一代科学家和学者以及掌握更多的知识。但是能力教育并不适合任务繁重的教师们，因为至少在最初几年，能力教育是一项既耗时间又耗精力的事业。

有想法的教师可能会怀疑具有单一目标的体系是否能集中博雅教育的所有优点。大多数教师有自己的倾向和兴趣，而在制定共同目标时很少会考虑这些因素。这些个人特色给予了教育生命力和质感，通常能比统一规划的集体工作给人留下更持久的印象。然而在能力教育体系中，学校很难保证教师不会因共同教育目标带来的压力而丧失个人特色。

另外，即使是最熟悉、最基本的目标，现存的评估方法也经常是不尽如人意的。学校该如何评估本科教育对学生发展终身知识和审美兴趣的影响？道德发展方面的评估方法该由哪些思想家来商定？由于这些问题，通过一系列共同目标来评估教育价值的这一做法变得非常困难。这种做法的优点是能让教师把注意力放到共同目标及其评估方法的制定上。但弊端在于，教师的注意力会过于集中在某些可评估的目标上，而忽视了其他难以用已有方法来进行评估的无形目标。

人们对能力教育的态度与他们对知识价值的看法密切相关。学习哲学或文化人类学只是实现共同目标的手段吗？学习哲学或文化人类学是用于提高学校看重的批判性思维或理解人类和环境之间关系等能力的工具吗？学习哲学或文化人类学有其内在的价值意义吗——作为目的而非手段？大多数学院教师认为知识本身具有巨大的价值，有些人可能会认为这种想法已经过时了，但正因为这样的想法，教师才能对自己的学科充满激情，也使得许多书籍能长期吸引人们的注意。因此，强调掌握基本技能的能力教育很容易与教师对自己的学科具有的深刻感情产生冲突。

这些反对意见足以阻碍能力教育成为大部分高校采用的教育模型。然而能力教育的现状也不太令人满意。当学院教师无法制定普通教育的共同目标或无法确定如何把共同目标融入课堂教学时，他们很容易会忽视共同目标。在这样的情况下，大家认同的重要目标，比如良好的沟通能力或推理能力，就会出现责任不明的现象。为了实现自己的教学目标，教师的授课方式也许对学生能力的提升不会有太大帮助。

总之，希望教师把培养学生的能力作为第一要务是不合适的，也是不现实的。同样，不重视共同目标的制定与实现也是不对的。我们不能走极端，而是需要采取折中的办法。

那怎样的课程才合适呢？首先当然是制定一系列共同目标来指导四年本科阶段的教学工作。所幸，只要没有人坚持把这些共同目标作为指导工作的唯一标准，那么学校教师同意制定一些共同目标的可能性还是存在的。例如，大部分教师会认同本章提到过的一些目标。当然，无人能否认培养批判性思维和清楚的有个人风格的沟通能力，以及掌握重要领域的知识和思维模式等都是博雅教育的重要目标。

就共同目标达成共识非常重要，但却远远不够，学校还必须把共同目标融入学科教学当中。为了实现这一点，有几个步骤显得尤为重要。第一，学校必须让学生知悉学校制定的共同目标及其重要性；第二，院系或任课教师必须聚集起来商讨调整教学及作业安排的事宜，以确保教师在实现个人教学目标的同时不会忽视共同目标；第三，由于考试对学生的学习方式影响较大，因此院系教师应该协商合作，共同议定考试的方式，以便更好地实现共同目标；第四，教师应该及时充分地给予学生作业和考试方面的反馈，帮助他们了解评估优异的学习表现的标准以及自己的强项和弱项分别在哪里。

虽然这些步骤看起来很清晰，但研究型大学却很少会去这么做。在各高校的宣传目录和手册中，从来没有出现过关于本科教育共同目标的详细描述，教师很少会聚集起来一起商讨该如何根据共同目标调整教学工作，教师也从来没有认真讨论过考试出题的问题；相反，他们通常会理所当然地把多年来看到过的考试卷子作为模板，自己出题。关于作业和考试，学生基本得不到教师的反馈。在有研究生院的大学里,很多批改工作都是研究生在做,评语往往比较敷衍,甚至完全没有。

为什么会出现这样的情况?原因可能在于学院教师的工作态度。大学教师是最自主的职业,他们会倾尽全力捍卫自己的自主权。尽管他们很乐意去讨论学校需要开设什么课程,但他们对于那些可能会限制他们在教学和学生考评工作上自主权的举措都非常小心谨慎。这就是为什么实行统一目标或教学方法不太可行的原因,但这并不能解释为什么教师极少讨论提高教育质量的方法。根据以往经验,即使在最自主的研究型大学,这样的讨论也并非是不可能的。举个例子,哈佛大学在考虑其核心课程时,教师为每一类课程制定了明确的目标和标准,并设立了常设委员会来保证所有课程必须满足学校教师共同商定的目标。相比之下,对共同目标和执行方法的自发性讨论则更容易被老师接受。

另一种猜测是,研究型大学的教师将大部分时间用于学术研究,根本腾不出时间共同商讨如何提高教学效果。对大多数批评大学教育实践的作者来说,这是最好的解释。然而这样的解释通常有点夸张。有人暗示说,大学教师比较自私,只想着提高自己的学术声誉,根本没有意识到同时担任本科教师、研究生导师以及学者这三个角色必须付出多大的努力。然而这些批评者在强调高效教学的重要性时,通常没有意识到研究的极大重要性,研究除了能扩充知识量，还能保持教师的活力，确保他们不断有新的重要发现能带到课堂上与学生分享。

不可否认，大学教师的研究以及研究生教育工作限制了他们可用于提高本科教育质量的时间。即使这样，对教育目标或如何通过教学和考试更好地实现目标等话题的讨论所带来的工作量并不会对教师的其他工作造成太大的影响。讨论只会占用教师教学时间的一小部分，从话题不太重要的教师会议中节省下来的几个小时就足以完成讨论。

教学反馈的问题比较复杂。不像刚刚提到的方法，学生作业的评估工作可能会相当耗时，因此可能会影响到研究和其他重要工作。但是，还是有办法可以缩短作业批改时间的。大学教师可以培训研究生，让研究生负责在本科生的作业上写上详细、有用的评语；教师也可以发参考答案，或者对每个问题做出书面分析，对最佳答案的每个细节做出讨论，并解释各个细节的重要性。计算机大大提高了及时反馈的可能性。即使这样，积极的作业批改工作占用的时间仍然比教师通常用于批改的时间要多，但是并不会很多，而且也没有其他更好的办法能提高学生的学习效果。除非本科生清楚自己哪些方面做得好，哪些方面有所欠缺，否则他们很难取得进步。

总的来说，这些表面的理由并没有很好地解释大学教师为什么没有通力提高教育质量，幸好，流行的理论显示教师是不会自发地去做这件事的，但不排除有某些足智多谋的院长或学科负责人能成功地把教师聚集起来商讨此事的可能性。那么，问题就不是为什么高校教师不能通力合作，而是为什么他们尝试得那么少。

除了通力合作制定共同目标之外，制定评估目标实现程度的方法也很重要。目前，大学没有合适的方法来评估本科教育的效果或所采用的教学方式，这是一个严重的缺失。除非运气使然，否则没有对过去工作的评估总结就不会有进步，只有评估，教师才能在反复试错的过程中提高教育质量。

其实人们早已对教育评估进行过尝试，心理学家已经就此主题发表了大量文章，我也提到了很多关于教育目标实现程度的研究，研究人员也就小班教学、计算机辅助教学以及其他新的教学方法等有趣话题进行了探讨。然而关键的一点是，这些研究很少是课程委员会或院长要求做的。这些研究人员通常是心理学家或大学教师，他们做研究只是出于学术目的；他们很少与可能从中受益的学校领导打交道。少了决策者的认可，这些研究影响力不大，而且很多研究对制定教学决策的领导来说没有什么实际意义，研究中一次又一次出现关于态度和变化等教师不太感兴趣的话题。大部分研究以公立学校课程为研究对象，即使是那些以本科学院课程为话题的研究也通常用处不大，因为学校自身的情况可能与研究中提到的学校情况截然不同。

为什么我们未能对本科教育进行有效的评估？很可能是因为这样的评估会让教师感到威胁。使用多年的教学方法可能会受到质疑，进而影响无数已经无法取消或整改的课程。学校推出的新的教学方法或新型课程可能会占用教师大量时间和精力。尽管教师认为这些研究不太可靠，但他们担心会出现学校要求他们根据研究内容对教学进行改革后才发现研究结果其实毫无价值的情况。更糟糕的是，研究者只是一味地质疑本科教育的价值而不提出有效的解决办法，从而使人们对整个本科教育体系产生怀疑。

这样的结果会导致恶性循环，大学教师会因这些教育研究而感到忧虑，同时也会质疑研究结果的准确性，他们不重视提高本科教育质量，从而使研究结果的负面性日益明显。要打破这个循环，必须有人主动将教育工作者和研究工作者聚集到一起，共同商讨关于本科教育政策的制定这一真正重要的问题。

最基本的要求是找到评估共同目标实现程度的可行性办法。当然，这样的办法得慎用，避免教师牺牲无形目标，只关注易于评估的目标。然而只要使用得当，合适的方法可用于比较不同的教学方法、班级规模或本科专业的效果。此外，通过合适的方法，学生群体可被分为进步较快和进步较慢的两组，以便研究人员找到导致差异的原因。最后，通过对人类认知的基础研究，大学教师能知晓为什么不同的教学方法在不同的学生群体中有不同的效果，以及为什么有些学生的智力发展过程比别人困难。

这样的研究就一定能带来有用的研究结果吗？不一定。我说过，要找到评估学生学习效果的可行性办法并不容易，即使找到了，想要做出能影响教育决策的结论也比人们想象的要难。例如，小班教学的效果是否比大班更好这个话题。人们可能会认为不同班级规模的学生表现会有很大差异。但事实证明，班级规模对不同的学生有不同的影响，这在很大程度上取决于课程所使用的教材，但更重要的是教师的教学方法。要理顺这些变量来获取有效的研究结果是很不容易的。

这并不意味着我们不能对未来研究取得有效成果抱有希望。不同问题的研究难度不同，而且我们不需要达到科学期刊所要求的精确度，我们只要取得能促进学术改革的研究结果就足够了。即使在短期内，我们也还是有办法可以实现有效的评估，来获取比直觉更可靠的、能影响大学教师想法的结果。

举两个例子来对此进行更清晰的说明。第一个例子是，哈佛大学让大一和大四的学生分别写一篇短文来做比较。详细对比后发现，大四学生的写作水平大多得到了提高，但是很多科学专业的学生在写作能力上却有所退步。进一步的调查找到了其中的原因，在大多数科学课程中，学生认为书写完整的句子会浪费时间，这可以理解。对于科学课程，重要的是写出彗星公式或关键词来解决问题，而且写得越快越好。显然，这样四年下来，学生的写作能力会逐渐退化。当然，这个结果也是有漏洞的。众所周知，对写作能力的评估比较主观，而且学校也可能没有根据严格的标准来进行比较。但比较结果似乎足以使教师对科学专业学生的写作作业做出调整。

第二个例子是，哈佛大学对一年前修读经济学基础理论课的本科生进行了测试，看看他们还记得什么内容。从测试结果来看，学生已经忘记了大部分术语和专业名词，但仍能理解分析的概念和方法。学生反映说，他们很少通过阅读报纸和杂志上关于经济问题的文章来应用他们所学的内容。根据这一结果，教师对教材进行了修改，着重强调了概念并删减了一部分不太重要的术语和专业名词。同时，教师用当代经济问题替换传统的、抽象的经济问题，以提高学生对当今经济问题的兴趣。我们再次看到，即使缺乏科学严谨的研究结果也足以推动教学方法的改革发展。[1]

调查了解了本科教育的发展历程及其教学评估遇到的难题之

---

[1] 有些方法能在短期内带来结果，但我们仍要继续寻找更有效的措施。例如，研究人员可以让学生对自己在各方面取得的进步进行自评，然后找出一些学习和活动模式，来解释不同学生在不同方面表现有所差异的原因。在大课中，教师可以将学生按能力水平分成若干小组，通过比较他们的成绩来判断不同的教学方法或班级规模对学生的学习表现有什么影响。

后，我们能对本科教育质量做出怎样的结论？显然，我们的结论必须综合各个因素。如前文所说，美国高校的多样性举世瞩目，有宗教信仰的学生可以找到宗教院校，有特殊爱好的学生能找到心仪的实验院校，学生能找到各种各样的课程来满足自己的需求。美国的教育体系中，没有任何教育体系能比高等教育体系实现更多的多样性，来满足如此庞大、混杂的学生群体。

本科院校，当然是大学的本科学院，也给本科生提供了各种各样的设施、活动和服务。学校在满足学生各种个人需求的同时，也帮助他们在社交和学习上取得进步，提高了他们的合作能力。学校还鼓励学生用包容的态度和欣赏的眼光去对待不同的文化背景、价值观和看法。最重要的是，学校给予了绝大部分学生快乐难忘的本科生活。

对本科院校课程发展的评估相对比较困难。当然，学院教师确实在根据学生不断变化的兴趣对课程不断进行适当的调整。但在过去的 15 年，学前教育和高职专业大幅扩张，选修课程的数量急剧增加，由于这种趋势都以人文学科为代价，很多教育工作者纷纷发表了意见，认为这是目光短浅的、悲哀的做法。

这些批评者给出了有力的论据。的确，读完本科不想继续深造的学生希望修读一些能帮助他们日后谋生的课程，这个要求是合理合法的。我们不能责怪他们选择高职专业而没有选择文学、哲学或其他文科专业。同时，很多本科生误以为多上一些专业选修课能增加他们被心仪的专业学院录取的机会。很多大学允许高职专业学生修读超过本科生大学四年修读的课程的60%甚至70%，最近的趋势似乎有点太过于向高职专业教育倾斜，危害到人文科学关注的其他方面的发展。可能会有人反驳说，这是学生的个人选择。但这样的市场测试方法更适用于早餐谷物和化妆品等商品，而不是教育课程。只有自由论者会坚持认为大学生足够成熟，可以自主选择自己想要的课程，能把握职业需求和本科生活带来的其他体验之间的平衡。然而对于大部分教育者来说，自由市场不能保证学校能为学生提供最好的课程。

在评估本科教育的状况时，我们不要过于夸大课程的重要性。学校应定期进行审查工作，以提出一些能对所有教师起激励作用的合理要求以及明确的教育目标。但是有关课程的讨论只会涉及个别课程的设置和调整问题，而不会涉及教师选用教材、教学方法和考核方法等问题。因此，美国本科院校对课程设置的过分强调，转移了学校本应放在极有可能改善学习效果的其他问题和讨论上的注意力，从而保护了教师的传统特权。这样的回避模式也许就是大学未能帮助学生在诸如严谨的思考能力或有条理、有个性的写作能力等重要方面取得巨大进步的原因。

主张学习是学生个人的事或坚持认为人们无法对复杂的学习

过程进行系统探究的人可能会对学习过程的改善工作轻言放弃。但这样的想法通常是自私的，至少在很大程度上是错的。有些方面相对比较容易研究，而且很快会有研究结果；有些方面比较复杂，未来很多年也不一定能有什么研究结果；还有一些更难的话题能让学者倾尽一生去研究。对所有事情都一样重视的学校是不负责任的，学校必须把注意力更多地放在核心问题上。不管花费多少时间，每一所专注教育的学校都必须尽力去研究学生的学习过程并评估课程的效果。没有自我检查反思，人类就不会有不断的进步。

第三章
专业学院

我在高等教育行政管理方面担任过最高的职位之一是主持哈佛大学法学院工作，那时候正是《力争上游》[1]写成的时候，这是我从事学术管理工作期间比较不同寻常的一件事。书中虚构的主人公在被涂上焦油、插上羽毛严惩并被赶出小镇后说道："如果不是为了荣誉，我早就不想在法学院待了。"表面上，我没有表现出不悦，但心里，我为此感到悲哀。怎么会有如此忘恩负义的家伙这样讽刺哈佛大学法学院那令人心旷神怡的学习氛围？

随着时间的推移，对于围绕哈佛大学所写的书籍，我的心态已经越来越平和了，甚至开始发现了一些套路。大部分关于本科生活的书籍，比如《爱情故事》和《最后一辆敞篷汽车》，似乎都是围绕学校里年轻的爱情故事、嘈杂的派对和运动赛事获胜

---

[1] 《力争上游》（*The Paper Chase*）是哈佛大学法学院毕业生所著，该书讲述了法学院一年级学生的故事。

等情节展开的小说。关于专业学院的书籍则恰恰相反,即使在涉及本科学院和专业学院的小说中,作者对两者的描述也有很大差异。《爱情故事》的读者应该记得,奥利弗·巴雷特四世(Oliver Barrett IV)非常热爱本科生活,一帆风顺,然而到了法学院以后,学校拒绝了对他的资助,从此他的生活穷困潦倒,毕业后不久也失去了患白血病的妻子。

大多数关于专业学院的书籍都不是小说,而是对第一年学习生活的长期内省。所有书籍都非常相似,描述的都是年轻人的激情以及他们在向专业发展迈出第一步时所付出的艰辛努力。诸如《青年L,温柔的复仇》和《在哈佛大学的学习》等书籍写的都是类似奥德赛艰险旅途的故事,主人公带着希望和恐惧出发,在去往想象中的伊萨卡海岸的路上,经受了一系列的考验和诱惑。"对所有熬过第一年的人来说,我相信我们的经历都是类似的:艰巨的、难以应付的,有时候是令人恐惧的,强度大得让人晕眩。"斯科特·特罗(Scott Turow)在《青年L,温柔的复仇》这本书中回想起法学院的经历时说道。然而在担忧和挣扎过后,当历程最终结束,主人公到达新海岸成为英雄时,特罗与医学院和其他同学一样,最终承认"即使经历了这一切——这一切困难——我想还是会做出同样的选择"。

上述内容不能掩盖的一个事实是,美国重点大学的专业学院是美国高等教育体系最杰出的成果。这些专业学院不仅吸引了全国高校最优秀的本科应届毕业生,还吸引了全球各地的学生。它们能提供可以满足专业特殊技能要求的知识。当然,专业学院的成就越高,外界和学生对学院的期望也越高。一旦学院达不到期望值,批评的言论就会相继而至。当首席大法官伯格在法庭上谴责律师水平不高时,他认为是法学院没有做好教育工作;当美国企业不敌日本企业时,《时代》杂志责怪商学院过分强调盈亏底线,而不够重视长期生产力和长期绩效的发展;当医生存在诈骗的犯罪行为时,专栏作者抨击医学院招生的恶性竞争,并指责医学院教师没有培养学生的基本职业道德规范。

这样的指责往往比较夸大其词,忽略了其他重要的影响,比如学生的性格或学院的性质以及执业的社会环境。但无疑教育有助于培养学生的专业行为,我们理应仔细反思教育的细节。那么,专业院校能在多大程度上满足公众的需求?它们能多有效地培养学生的实践能力?它们能多快地适应不断变化的需求?

这些问题没有简单的答案,因为专业学院有很多不同的任务、不同的规模和不同的形态。例如,公共卫生学院往往更类似于研究型院校而非教育院校,而建筑学院则往往很少做研究,主要关注学生的教育培训工作;教育学院和神学院通常要求学生进行指导实践,而大多数公共行政学院则没有此类要求;医学院有大型

第三章
专业学院

的教学医院来训练学生，而商学院则没有类似的"教学企业"。由于这些差异，我们不能对所有专业学院一概而论。但我认为我们可以通过分析三大专业学院——法学院、商学院和医学院——取得一些进展。[1]

第一节 利益相关团体

专业学院受几个重要利益相关团体提出的期望和要求的影响：学院、行业、学生和社会，这些团体对专业教育的前提有一些共识。他们都承认，社会必须有合格的从业人员来满足客户、雇主和公众的要求，他们也意识到创造新知识来指导实践活动的必要性。然而除去对这些基本原则的共识，各方对教育的重点和看法有所不同。

一、学院

任何在法学院、商学院和医学院从事教育工作的教师都是学术界的一员，学术界不只包括同一所大学其他的教师，还包括在其他大学执教的教师。与其他专业团体的成员一样，这些学者有共同的价值观、关注点，对优秀和身份地位也有共识。

对学者来说，学术成就非常重要。教师可能会欣赏帮助他们

---

[1] 我没有对"专业"和"专业院校"的正确定义做长篇大论，而是广义地把商业和商学院包括在内，尽管人们可以把商业划为行业。

解决问题并促进他们开展工作的教务长或院长所具有的行政能力，也会在背地里羡慕在政府中担任重要职位的同事，但是他们却对那些获得新发现、提出新理论或创造重要的新知识的智力超群的人致以最高的敬意。

在多种形式的学术工作中，学者特别重视抽象的、理论的或有趣的研究，他们通常认为具有短期和实际效用的研究相对不那么重要。对于学术界来说，基因分离比为病人发明更好的麻醉剂更重要；一个新的司法分析概念框架比一个能缓解法院拥挤情况的可行性建议更有价值；一个用于解释19世纪企业增长情况的新理论比一个关于如何有效与日本竞争的计划更重要。

出于这样的想法，相比教育工作，学者更重视研究。其原因并不显而易见，因为对教师而言，教学工作是对于学院来说至关重要的任务，但研究才是学者能力、学术工作最高成就和崇高学术地位的最终体现。相比之下，教学经常重复已知知识或复述他人的工作成果。即使教育打破新领域，也通常是试探性和处于摸索状态的，因为新发现往往还没有被以最终确定的形式公布于众。更重要的是，即使同一学院的其他教师也无法轻易评估同事的教育工作，更不用说其他学院的同行。于是发表研究成果成了学术界的"统一货币"，即使跨院校甚至跨国也能被衡量和评估。因此，研究成了决定学术地位的主要因素。

第三章

专业学院

教学时，教师通常更倾向于理论构建、概括以及对传授实践技能的独特见解。技能对专业实践非常重要，所有经历过大手术的人都会知道这一点。要教好这些技能，教师需要具有独创性的教学方法，但这些技能很少会赢得学术声誉。一方面，不同于其他形式的教学，技能的传授很少能转化为重要的研究；另一方面，专业技能的培养通常需要肢体灵活性、心理意识等其他非智力因素的能力。阿尔弗雷德·诺斯·怀特海（Alfred North Whitehead）曾经说过，专业能力所需的才智可能会毁了指导技能运用所需的才智。假如必须舍弃其中一种形式的才智，那怀特海的选择已经毫无疑问。

上文提到的教师对研究的倾向很少是领导强加的决定，而是在其他不太明显因素的影响之下慢慢形成的。研究能带来更多的奖项和其他区分标志；它逐渐成为学院对话和审议的话题；学术界开始基于研究成就赋予学者地位以及建立学术界的等级制度，由此巩固了研究地位。专业学院里很少有教师心理足够强大到能忽略其他同事。很多教师因文科和理科专业学院的光环——这里长期被认为是大学的中心，是真正学者的所在之处——对自己的地位感到担忧。因此，专业学院的教师不担心作为专业学院教师被解雇，而是急于获得学校其他学院同事的好评。为了实现这一点，他们必须跟随当下流行的学术价值观趋势。

二、行业

医生、律师和商人都是拥有高薪和声望的重要职业。这些职业拥有的身份地位使相关专业学院的教学课程更有分量并得以不断延续。任何人只要稍稍留意就会发现，与这些职业相关的课程教学目标和方法非常稳定，不像公共行政、教育、公共卫生和社会工作等专业的课程那么游移不定。

医生、律师和公司管理者关注的重点一般与学校关注的较为不同。人们可能已经猜到，这些领域的从业者更看重有实用性的研究而非抽象的理论想法。他们都支持那些能帮助提高执业质量的研究，同时，律师和公司管理者经常抱怨抽象研究的实际意义不大，而医生也对那些没有太大实用价值的基础科学发现持同样的看法。从业者还认为教学与研究一样重要，或许甚至更重要。虽然在他们看来，基本的历史和理论教育是有必要的，但他们更赞同学校教授与从业相关的基础技能和思维习惯。他们还支持学校培养学生的职业道德以及社会责任感。

这三个行业的从业人员都有办法把专业学院的注意力吸引到行业的关注重点上。他们非常关心专业学院的发展，并给予学院大量资金资助。法律和医学行业的从业者能利用自己的权力，通过认可某些专业学院或帮助设置毕业生的从业能力考试来影响学院。理论上，企业、律师事务所、医院和医疗机构的雇主至少都能通过毕业生招聘来间接地对专业院校施加压力。作为行业的代表，成功的从业者还能在演讲、文章以及其他论坛上批判高校的专业教育。这些办法能有效地向专业学院的院长和众多学院教师传达从业者的看法。

三、学生

学生也能影响学校的专业教育。研究生院的学生已经是经验丰富的高等教育消费者，他们自然希望能有教学能力出众的教师来保持他们的兴趣并激发他们的热情。他们非常希望教师能帮助他们有效地提高职业技能。在这个方面，他们的想法与从业者一致。但从某个角度来说，每个学生的想法又有些不同，大多数学生对职业道德或职业责任问题兴趣不大。他们在刚入学时可能还会考虑这些问题，但到了学习初期，他们往往会开始更注重职业技能的培养，担心是否能顺利从业。为了通过考试和顺利从业，学生需要掌握大量的知识和技能，相比之下，道德问题和职业责任问题似乎不那么重要了。

与从业者一样，学生有多种办法可以向学院教师表达自己的想法。他们可以通过选择学校和课程表达自己的看法；在大多数学院中，他们可以通过定期的教师评估来提出自己对教学质量的反馈意见，甚至连他们的课堂表现、课堂兴趣、无声抗议都能影响教师的课堂教学。

四、社会

　　社会公众之所以对专业教育感兴趣，是因为社会需要足够多的有能力的从业者来为有需要的人提供价格合理的服务，也需要职业道德高尚，对客户诚实、公平以及对客户需求敏感的从业者。虽然社会公众对专业学院的直接影响比较小，但是他们可以通过引起其他机构如报社、杂志社、基金会和政府的行为来间接地影响专业教育。

　　这些机构有多种影响专业学院的办法。媒体可以对专业学院进行曝光和批评，从而使专业学院面临官方介入的威胁。例如在20世纪80年代，一大波负面的媒体言论使医学院制定了更严格的程序来处理科学欺诈问题。基金会可以通过提供有吸引力的资金支持来说服专业学院开发符合公众利益的新项目。20世纪60年代末，福特基金会付出了很多努力去说服专业学院提高对少数民族招生情况的关注。有时候，基金会甚至会资助一些能给专业教育带来重大改革的详细研究。1910年关于医学教育的弗莱克斯纳报告以及1958年出版的关于商业教育的卡内基和福特基金会研究都对职业教育产生了影响。

　　政府是影响力最大的社会机构。州政府可以通过拨款决定来影响公立大学专业学院的办学规模和形式。正如对医学院采取的做法那样，国家、政府可以通过资金分配来促进专业学院的发展以及新活动的开展。为了实现国家目标，政府官员甚至可以通过颁布法规来限制学校的决定权，比如国会立法禁止学校在招生和招聘时对年龄、性别、种族、宗教或国籍有歧视。

尽管这些群体能通过多种方式给学校带来巨大影响，但他们很少能直接影响学校的教学或课程。目前还没有找到指导教师改善教学的好方法，外部机构对课程要求或教学方法的干预也无法产生实效。[1] 与学校关系最紧密的外部机构可以通过提供资金的方式鼓励学校尝试新的教学方法，或资助学校培养更多医生、博士或其他领域供不应求的专业人士。

总而言之，专业学院的教师仍然掌握着教学内容和教学方法的决定权，但在行使权力的同时承受着来自多个利益相关团体施加的巨大压力。各个利益相关团体向学校提出不同的诉求，对此学院教师感到很为难。学生希望教师做好教学工作来赢得尊重；学术界对研究的重视使教师急于通过研究获得认可和声誉；雇主则不断提醒教师培养学生职业技能和操守的必要性。

学院还必须考虑其他能影响专业教育教学内容和进度安排的

---

[1] 在医学界，医生团体要求学生通过国家考试，以此方式来影响学校的课程安排，而专家委员会则进一步规定医学研究生教育的篇幅和内容。同时，这些内容受到职业协会成员教师的很大影响。一些法学院以帮助学生通过职业考试为宗旨设置课程，但研究型大学的重点国立法学院则不会采取这样的做法。

因素。由于财务或知识方面的障碍，即使最认真负责的教师团队也无法提供学生、从业者或公众所希望的教学项目。例如，不管拓展课程多有价值或多受欢迎，很少有学校能承担起拓展教育所需的费用；有时候，因缺少技术支持，教师无法有效实施新的教学方法；有些科目非常复杂，教师现有的知识不足以给学生带来有价值的信息；有些科目非常新颖，学校很难找到合适的教师给学生授课。

因此，在很大程度上，专业教育是不同的压力和制约因素相互作用的结果：几个利益相关团体提出的要求、制约教学发展的物质和智力因素以及学院教师根深蒂固的习惯和态度。当学院教师遇到专业学院普遍面临的战略问题时，这些因素的相互作用更为明显。

第二节 教学与研究的平衡

正如其他要求较高的工作一样，教学质量取决于教师所付出的努力。显然，当教师需要兼顾多项工作时，如教学、发表文章、行政管理和辅导咨询等，教学质量便成了学校面临的重要问题。

我们已经看到了企业家和学校在教学和研究的重要性上出现的分歧，学院教师处于两难的境地。为了实现两者之间的平衡，不同学院采取了不同做法。医学院明显更注重研究，在法学院和商学院教师看来，大多数医学院教师的教学任务少得微不足道。对医学院教师来说，实验室的研究比教学重要得多，因为研究才能给他们带来学术界的认可和地位。相反，法学院教师则更注重教学质量，即使学术地位最高的教师也一直把教学放在与研究同等的位置，而大量排名较前的教师也很少发表文章。

为什么会出现这种差异？显然其中一个原因是，医学研究在改善人类健康问题上发挥着关键作用。鉴于公众对疾病治疗的极度重视，国会每年会为此拨出数十亿美元的资金。由于政府研究资金能帮助学校支付图书馆费用、建筑维修费用以及其他固定费用，学校特别重视发展能够吸引此类资金的学院。因此，医学院教师会比法学院教师更重视研究。毕竟法学院几乎没有收到过任何政府研究资金，而且人们对法学院的研究兴趣也不大，因为法学院的研究不能为人类面临的重大问题提供任何有效的解决办法。甚至连执业律师也不太关注法律研究，对最近几年法学院教师比较关注的理论研究的兴趣也不大，或完全没有兴趣。

然而，金钱和公众的关注不完全能解释教学和研究的相对地位。商学院并不像医学院那样能吸引大量外部资金，而商业研究对商业管理的影响也比法学研究对法律法规和程序的影响要小。尽管如此，大多数领先的商学院更重视研究而非教学，在晋升考评中也更注重教师发表的学术作品而非教学质量。

这些行为模式揭示了另一个能解释不同学院教师如何在教学和研究之间取得平衡的原因。所有专业学院必须决定是从自己的毕业生（已经从业者）中还是从学科博士中招聘学院教师。这个决定非常重要，因为它决定了学院的风格和发展重点。

从从业者中招聘的教师可能会更注重教学。当他们发表研究成果时，他们的作品通常与从业者感兴趣的问题有关，特别是如果他们本身已经从业了相当长的一段时间。相反，从博士中招聘的教师通常更注重研究而非教学，因为博士课程最强调的是研究。他们会遵从博士课程中灌输的思想，倾向于探索自己感兴趣的问题，而不是如何帮助从业者改善工作表现的实际问题（尽管两者有时候会重叠）。在教学中，他们更喜欢采用讲课的形式，而不是让学生对执业过程中的实际问题进行讨论。此外，能力出众的博士很少愿意单独工作，他们往往希望与同一学科的其他同事分享自己的观点，能指导培训研究生，在实验室、图书馆等有专业设施的地方进行研究。总而言之，从博士中招聘的教师通常会改变学院的学术氛围，使学院更注重研究而不是培养从业人员。

第三节 教师培训

法学院是以自己的毕业生而不是博士组建学院教师队伍的范例。法学院一直认为经济学家、政治学家和社会学家缺乏法律理论、法律制度和法律推理方法等方面的知识，无法教授学生"如何从律师的角度思考问题"。当然，假如最优秀的学生因律师行业的高薪待遇选择从业而不愿意留校任教，那么法学院也无法从优秀毕业生中招聘教师。幸运的是，一直以来法学院不断吸引着大量最优秀的毕业生留校任教——估计是因为法学院招收的很多优秀学生根本没有毕业后从业的打算。

由毕业生组成的教师队伍也有其弊端。法学院的毕业生有足够的水平来教授学生如何进行严格的理论推理，以及如何对法院意见进行批判性分析。然而，除了极少数例外，他们并没有做研究的打算。他们没有接受过相关的培训，不了解更复杂的定量研究方法或实证研究方法。因此，在法律制度是如何运转的以及它能给人们带来哪些影响等问题上，由毕业生组成的教师队伍取得的进步可能没有由博士组成的教师队伍取得的多。

商学院有意采取另一种做法。与法学院相反，商学院很难说服最优秀的毕业生留校任教。于是，商学院越来越多地招聘经济学家和其他学科博士，并鼓励他们学习足够的商科知识，以便能有效地开展教学工作。随着大量博士进入教师队伍，商学院的研究也有了名气，这种研究要求经过特殊训练，只有那些从人文学科和自然学科以及相关学科毕业的学生才受过这种特殊的训练。与法学院传统的研究不同，商学院的很多研究比较复杂和抽象，不能直接应用于实际的商业问题。因此，这经常引起商界高管和其他评论者的不满和抱怨。然而这些言论对由博士组成的商学院教师队伍影响并不大，他们不太在乎商界高管的看法，但却十分重视学术期刊提出的学术标准。

有时候，专业学院会寻求折中的办法，避免在过于倾向研究的博士和缺乏高级研究技能的毕业生之间做出选择。例如，许多法学院聘请哲学家、经济学家甚至心理学家，让他们从不同的角度分析法律问题。最近，这些学院也招聘了一些在社会科学领域做过高级工作的法学毕业生。这样的教师越来越有吸引力，因为法学院认为法学与越来越多的知识领域有重要联系，然而这并不是理想的策略。由于法学院不愿意雇用大量的博士，不愿意为研究生培训或研究提供大量的资源，这样的学院环境很难吸引其他学科真正优秀的学者。[1] 同时，在其他领域从事高级工作的法学毕业生很少具备进行一流学科研究的专业能力。这样，学院就会陷入进退两难的境地，既不能带来推动法律理性发展的实效，也不能为理论研究做出长期贡献。

一些商学院采取的另一种策略是雇用年轻博士，鼓励他们熟

---

[1] 一些较小的专业学院，比如公共行政学院、教育学院和建筑学院，通过允许教师兼任原属的文科或理科部门的职位，成功吸引优秀学者。然而这样的例子很少，并且这些学院不断面临着学者逐渐偏离职业学院并慢慢回到自己原属部门的风险。

悉学院的模式,重点强调职业现实问题以及掌握苏格拉底教学法。这种做法可能会成功,但同时也会带来高风险。有的教师可能无法适应苏格拉底教学法,有的教师可能对苏格拉底教学法适应得相当好以至于不再做任何长期重要的基础研究。更糟糕的是,优秀的博士可能根本不会接受这样的条件,除非学校从一开始就给予他们终身教师的职称,不然他们面临的必然是一个痛苦的选择。他们要么接受学院的模式,从此断了回到自己学科研究的后路;要么尝试坚持做那些能保持自己学科地位的学术研究,从而牺牲晋升的机会。面对这样的选择,假如学院要求的研究形式与学科接受的研究形式差异过大,那么优秀的博士很有可能从一开始就会拒绝商学院的聘请。

因此,专业学院经常面临两难的选择。如果雇用博士,学院能在学术研究方面取得卓越的发展,但可能会面临与行业及其现实问题渐行渐远的风险;如果雇用自己的毕业生,学院能保证教学质量,更能强调职业现实问题,但却无法进行只有经过专业训练的学者才有能力做的研究——复杂的实验室科学、详细的实证研究或定量的计算机辅助研究。

避免这种困境的一个有效方法是,学院有足够的空间和资金分别在两者中聘请相当数量的教师。除了医学院之外,很少有其他学院能承担起这样的费用。有了政府的巨额研究资金以及患者治疗带来的大量收入,医学院可以聘请基础学科的科学家进行生物化学和细胞生物学等领域的研究工作,同时聘请临床医生进行与患者护理直接相关的应用研究。可以肯定的是,医学院采取的这种做法非常成功,但也面临着教师队伍分成两派、经常因资金和空间问题发生冲突的风险。然而,医学院的做法还是说明了只要有足够的资金,学院可以找到两全的办法,同时实现基础并且实用的教学和研究。

第四节 教什么?

所有法学院、医学院和商学院都试图向学生传授一套系统的思维方式来思考行业的典型问题。法学院教授学生"学会从律师的角度思考";商学院教授学生从"管理者的角度"思考;医学院培养学生在"临床医学概论"等课程中形成这种思维习惯并在医院巡房的过程中不断加以练习;法学院教师通过苏格拉底教学法向学生灌输这种思维方式;商学院教师则通过问题讨论和电脑博弈等形式来传授。

所有这些典型的思维模式都要求学生储备相关信息,掌握特殊技能,以及培养分析复杂问题的能力,但不同的专业学院对这种形式的思维活动的侧重点有所不同。法学院、商学院和医学院对于它们共同面临的问题,即如何应对不断增加的相关信息,表现出非常明显的差异。

在专业教育发展早期，所有学院强调向学生传授有用的信息。法学院教师讲述阐明现行法律的章程和司法意见；商学院教师讲授关于铁路、公共事业、零售等方面的概论课程；医学院教师讲授人体及其生物学过程的知识。

随着时间的推移，学院发现这种教学法越来越不适用。相关信息的数量变得如此庞大，学生只能记住一部分学过的知识。此外，在瞬息万变的领域，一开始被认为重要的信息通常在几年后就变得过时或无关紧要。

19世纪后半叶，工业化的发展给法学理论带来了巨变，随着州与州之间的法律分歧越来越大，法学院首先遇到了信息迅速膨胀带来的严峻问题。假如学生不清楚毕业后他们将在哪个州从事法律工作，那么教师就无法决定教授他们哪一套法律体系。当然，教师也无法预测未来法学会有哪些变化。也许是在无意中人们找到了一个解决办法——案例教学法。这种方法要求学生阅读实际案例中的法官意见，通过课堂讨论分析法官的推理逻辑，并将之应用到略微不同的案例当中。这种方法的关键之处在于它认识到学生不需要记住法律法规，他们可以在实际工作中有需要的时候再去翻阅法律法规。学生必须拥有的是如何使用法律法规以及如何将之灵活应用到新案例当中的能力。学院采用了新的教学方法后，学生仍需学习大量关于法学、法律制度和法律程序的知识，但对事实和信息的记忆变得次要，最重要的是培养系统推理分析的能力。

比法学院建立得稍晚的商学院一开始也采用叙述性的课堂教学形式：要么关于矿业、公共事业和其他经济领域，要么关于预算或会计等业务方法。但商学院的教师很快发现经济运作和企业事务错综复杂，无法把所有相关信息都压缩到课堂和阅读材料当中。面对这个问题，哈佛大学商学院以及后来相继效仿的其他院校开始采取与法学院类似的方法。教师开始根据现实的业务问题编写"案例"，不再采用讲课的形式，而是在课堂上与学生讨论案例。课程不再根据经济领域来安排，而是按照几乎所有企业都具备的业务功能来划分——生产、人事、营销等。教学重点再次从信息传递变为批判性思维的培养，目的是让学生学会观察问题，仔细分析问题，然后做出现实生活中公司经理会做出的那种选择。

然而与法学院不同，并非所有商学院都把案例教学法作为主导的教学方式。有一些院校的商学院按照学科和学科分支，如金融、宏观经济学和统计学来安排教学。虽然这些院校的商学院也重视培养学生的决策能力，但教师并不愿意花大量课堂时间去讨论业务问题。相反，他们效仿本科或文理科研究生院，采用与其相似的授课形式。然而关键的是，商学院与法学院一样，它们发现与传递信息相比,培养学生的分析能力更为重要。不管是那些按学科设置课程的学院,还是那些采用案例教学法的学院都必须面对这种趋势。[1]

有趣的是,医学院还没有放弃以讲课的形式向学生传递大量信息的做法。尽管学生最终会在教学医院的多年实习中学会实用的技能和分析方法,但前两学年学生必须听大量的课并记住海量详尽的科学资料。一直以来,医科学生都需要有惊人的记忆能力。随着 DNA 结构的发现,学生需要掌握的科学信息数量变得非常庞大,这给医学教育带来了巨大压力。正如一位好不容易熬过来的学生描述的那样,医学院学生第一年需要做的无异于将曼哈顿的整本电话簿倒背如流。

个别规模较小的医学院,尤其是新墨西哥大学和加拿大的麦克马斯特大学,已经摆脱了传统的教学方式,开设了以小组和积极讨论为特色的基于问题的课程模式。尽管大型学院效仿得比较

---

[1] 目前有的学院采用案例教学法,有的学院按学科设置课程(虽然大部分学院尝试两种方法结合),这两种方法都有支持者。最终人们更关注的可能不是这两种方法的优缺点,而是它们的效果差异。在方法形成的最初几年,教师主要是博士毕业生的学院一般会按学科设置课程,会更着重讲课,而教师主要是商学院毕业生的学院则会更偏向于采用案例教学法。随着时间的推移,出现了另一个重要的因素。学院需要花费大量的时间和金钱进行实地案例收集,越来越少的学院有这样的财力去承担案例教学法带来的费用。目前,由于案例收集的成本高昂,除了哈佛大学以外,很少有学校能为学生提供大量的案例材料。

慢,但哈佛大学已经根据最近由美国医学院协会召集的一流专家小组提出的建议,引进了一个全新的试点项目。

人们很容易得出这样的结论:医学院跟不上时代的步伐了,教师以研究为重,不愿意花心思去改善课程和学习新的教学方法。这也许确实是个合理的解释,但也有可能是因为,与律师或商界高管不同,医生必须掌握大量的知识才能给病人进行身体检查,根据病人的症状做出多种判断,给病人安排合适的检查,分析检查结果,最终做出有效的诊断。有人说,杰出的国际象棋大师必须记住大量的棋局才能自如应对任何情况。可以想象,医生的工作方式也大致相同。

尽管这样,医学生所承担的学业重负还是引起了医疗机构主要代表的高度重视。因此,改革的可能性比以往任何时候都大。未来医学院很可能会减少学生在前两学年需要记忆的内容,随着课程数量和记忆内容的减少,学生将有更多时间学习如何搜集相关信息(借助计算机),如何做出综合判断(利用统计和其他决策技巧)以及如何分析问题(通过小组讨论案例)。如果医学院朝着这个方向发展,更强调推理方法而非死记硬背,那么医学院将会踏上法学院和商学院早期走过的路。

第五节 有什么教学缺陷？我们忽略了什么？

我发现所有专业学院不仅设法向学生传递信息，同时也努力帮助学生培养严谨的思维方式来思考从业后会遇到的典型问题。这种思维方式的特点是：被专业知识和技能强化了的严谨的分析能力。这是专业学院教师最擅长培养的，不仅得到了学院的认同，对职业发展也非常重要，在教学中和教师心中占据主导地位。然而这种思维方式不可避免地忽略了一部分被人们认为对执业至关重要的内容。学校过于注重培养这种形式的分析能力，而忽略了从业者认为重要的其他方面，因而引起了从业者的不满。

一、实用技能

被学校忽略的大部分是实用的日常技能。法官和律师经常抱怨法学院没有教学生如何起草遗嘱，如何询问证人或如何在审判中及时对证词提出异议。管理人员指出，现在的工商管理硕士甚至连文书工作都无法胜任，更不用说与工会负责人谈判。相对而言，医生们对医学院毕业生的此类批评则比较少，毕竟学生在完成基础学业后需要到医院做几年实习生或住院医师。尽管如此，学生很少具备利用复杂数据有效做出综合决策所需的统计技能。此外，资深医生经常抱怨医学院的学生只关注教学医院中出现的最奇特、最复杂的病例，而没有花时间去学习如何治疗他们将在私人诊所中频繁遇到的简单疾病。

专业学院没有给予足够重视的能力之一是人际交往能力。在最近一项对 1 600 名 1955 年到 1970 年毕业的律师进行的调查中，69% 的调查对象指出，他们没有接受过客户咨询方面的教育培训；77% 的调查对象宣称，法学院没有教他们如何通过谈判来解决问题。企业高管同样认为，在学生时代，他们并没有学到这些最重要的技能：如何领导，如何激励下属，以及如何有效地与同事合作。在医学方面，超过三分之一的就医者只是患有心理疾病，大多数患者不会给医生提供完整、准确的病史，30% 的就医者不听从医生的药物和治疗指示。假如医生能说服就医者改变个人习惯，许多疾病本应可以避免。面对这样的情况，医生非常有必要去了解人类心理学，并学习如何与患者进行有效的沟通。然而，大部分医学生在这些方面没有接受过系统的指导训练。

杰出的企业人士经常抱怨专业学院没有教给学生与人交流的技能和实用的技能。直到最近的十年到十五年，批评的言论不多，影响也很小。学校通常会忽略这些言论。如果评论者声名显赫，院长或知名教授会做出回应，但他们很少会表示赞同。他们通常会认为这些言论是反智力的行为，或者认为学生应该在实践中学习这些普通的技能。

对此，一些激进者可能会说，专业学院的教师没有教授学生这些技能，只是因为他们选择不去教授，也没有外界压力迫使他们教授。但背后还有更多实质性的原因。首先，重要的技能往往很难教授，因为教师可能对这些技能不是很了解，无法做出概括性总结，也没有独特的见解或概念框架可以拿来教授学生。领导力就是个很好的例子。所有人都知道领导力的重要性，但很少有人有自信能对领导力的重要部分做出定义，更不用说向学生教授领导力。其他技能，比如起草法律文件，看起来比较机械和无聊，为了避免学生兴味索然，教师选择不教授这些内容。

尽管如此，似乎很少有什么技能是不能有效教授的。最终，总会有一些教师能把几乎所有技能理解透，然后开设有效的、具有促进作用的课程。尽管这个过程非常缓慢，但我们确实在进步。举个例子，20世纪60年代，法学院学会了如何有效开展关于审判实践的课程，而且目前也有希望开设关于调解和谈判的课程。商学院提供了关于集体谈判和人际交往方面的有效课程。越来越多的医学院开始提供以疾病的社会特征为主题的课程。许多管理学院正在尝试教授诸如领导技能和创业精神等无形的主题。法学院和医学院的教师试图通过新的方式教授面谈和咨询的技巧。这些方案很多采用了录像带、计算机、模拟练习和其他有创意的方法来提高学生的学习质量。

那么，问题的关键不在于这些方案是否能带来改善，而是它们将以怎样的速度取得进步。根据过往经验，进步的速度不仅取决于教师的巧思妙想，还取决于外界的需求以及从业者和学生的态度。过去15年在大多数知名法学院出现的情况便能很好地说明这一点。

虽然从业者一直对大部分法学院的"象牙塔"式教育感到不满，20世纪70年代初法官和律师对法学毕业生能力的抱怨突然变得强烈。1973年，首席大法官伯格认为，"重大案件中出现（在法庭上）的不合格的律师所占的比例从以前的三分之一变为二分之一"。[1]一位有影响力的联邦法官建立的委员会对此进行了抨击并对其他类似的指责做出了回应，强烈建议法学院在辩护法及相关课程上对学生进行强制性培训。[2]针对执业律师做的一份调查透露，很少的受访者认为他们在法学教育课程中学到了职业所需的重要技能的使用方法，这无疑进一步煽动了批评者。

在人们对法学院做出抨击的同时，法学院进行了一项革新。法学院建立律师事务所，开始允许法学院的学生在离婚、被赶出所租的房屋、受到歧视以及其他常见的法律纠纷中为穷人辩护。

---

1 Warren E. Burger, "The Special Skills of Advocacy: Are Specialized Training and Certification of Advocates Essential to Our System of Justice?" *Fordham Law Review* 42(1973):234.

2 "Qualifications for Practice before the United States Courts in the Second Circuit: Final Report of the Advisory Committee on Proposed Rules for Admission to Practice," *Federal Rules Decisions* 67(1976):159.

在接下来的十年中,类似的项目不断增加,迅速扩展到绝大多数高校的法学院中。这种方法既能训练学生的实践技能,也能为有需要的客户提供重要的服务。与早期几乎无人监管的法律援助计划相比,这些新建的律师事务所有经验丰富的导师与学生共事,帮助他们培养信息收集、询问证人、起草诉状、设计诉讼方案等方面的技能。慢慢地,参与律师事务所工作的一些教师开始使用模拟技术为学生提供更系统、成本更低的技能训练。其他学院教师开始借助模拟和角色扮演等方法,向学生传授额外的比如谈判和调解等技能。很快,学生接受到了以前在学院没有重点发展的各种技能的指导教育。试点项目的数量大大超出了法学院在过去30年做过的所有尝试。

业界的关注无疑推动了改革,但这不是唯一的因素。20世纪60年代末的学生运动肯定也带来了一定的影响。福特基金会的支持以及后来的"向贫困宣战计划"也促进了许多专业学院的改革。法律事务所项目获得了法学院院长的支持,因为通过这一项目,学生能在学习新技能的同时获得在"真实案例"中实践的机会,这能使最后两年的学习生活变得更加生动精彩。

在这些有利因素的推动下,法律事务所项目迅速发展。然而随着时间的流逝,逐渐出现了一些因素妨碍该项目被纳入法学院的发展核心。一方面,它的成本比常规教学高,因为有效的监管需要较高的师生比例。另一方面，参与项目的学院教师不同于典型的学院教师，他们需要监管辅导学生，同时还需处理大量的案件，因而没有时间做研究。他们更擅长处理诉讼案而非写文章。有时候他们甚至会流露出对传统学院同事的鄙视，认为他们不了解现实世界，应该把才能用在为律师事务所培养学生上。

很快，双方产生了误解。律师事务所项目的教师认为他们没有得到应有的尊重，被视为低人一等。学院教师认为只有研究水平高的教师才有资格获得长期岗位。随着矛盾越发激化，传统教师开始质疑律师事务所项目是否值得开展，项目所教授的技能是否更应该留给学生在工作中学习或在成本更低的课堂模拟中教授。

面对这些冲突，新项目的未来发展并不明朗。很多学院教师仍然支持律师事务所项目，因为它深受学生的欢迎，而且能为穷人提供所需的服务。然而，项目经常因为资金不足，加上律师事务所教师的职业前景不乐观，因此很难吸引最优秀的教师。目前项目缺乏所需的资源和优秀教师，因此仍处于不稳定的状态，试验最终是否能成功也不得而知。随着最近在技能教学上出现的多项革新，有些具有开拓精神的教师已经取得了不错的进展，但项目仍未被纳入大多数学生需要修读的核心课程当中。

二、职业道德与社会责任

这三类专业学院的传统课程设置中都没有重视关于职业道德

或社会责任的课程。业界的领军人物和知名人士经常呼吁专业学院提高对这些话题的关注。职业调查显示，大多数从业者认为这些话题，尤其是职业道德问题，值得被高度重视。然而，专业学院一直没有对此做出回应。

人们不清楚专业学院为什么对这些话题避而不谈。学院完全可以开设关于职业道德和社会责任的有效课程；在全国很多学校中也能找到成功的教学模型。但问题并不像表面上那么简单，因为这类课程的开展工作从一开始就会遇到障碍。它们不属于被外界普遍接受的常规职业教育的范畴，很容易被指责虚有其表或缺少严谨的解析。知名法学教授卡尔·卢埃林（Karl Llewellyn）常对他的大一学生说：第一学年最艰巨的任务是抛开你们的常识，暂时放下你们的职业道德。把你们对社会政策的看法、你们的正义感还有其他胡思乱想、模棱两可的想法通通抛开。你们需要做的是培养各种能力，包括严谨思考、冷静分析、在既定的知识体系中工作……[1]

卢埃林教授清楚，学生在掌握法律分析的基本技能后，需要在后期阶段重新培养职业道德。商学院和医学院的教师估计也是这样认为的。然而，学生也许无法在短期内重燃对职业道德的兴趣。

---

[1] K. N. Llewellyn, *The Bramble Bush: On Our Law and Its Study* (New York: Oceana, 1960), p.116.

很多学生担心职业道德会妨碍"客观"分析。随着学生对找工作和从业的关注不断增加，他们会更重视职业道德以外的其他事物。

学院也很难找到合适的教师来教授职业道德课程。这类课程要求授课教师了解道德哲学，同时掌握至少一个职业领域的知识。由于任何单一课程都无法提供此类培训，合适的教师非常难找。因此，此类课程的授课教师往往没有接受过充分的训练，很难获得同事对课程价值的认可，也很难让这类课程成为学院的核心课程。

然而，与技能教学一样，最近有迹象表明，人们对职业道德教育的兴趣在迅速增加。有趣的是，尽管与法学院和商学院的同事相比，医学院教师的教育背景与道德哲学更不相关，但医学院却首先在道德教育上做出了尝试。著名的 Karen Ann Quinlan 案表明，医学道德问题往往牵扯公众关注的生死问题。科技进步，如体外受精和行为矫正，带来了其他引人关注的道德问题。负面宣传的威胁以及医疗事故诉讼的风险引起了医生对道德问题的关注。面对这种情况，一些哲学家和医生共同设法开展关于职业道德问题的课程。然而在大多数医学院中，这些课程并没有引起大多数学生的兴趣。

商学院也开始引入关于管理层面临的道德问题以及企业社会责任的课程。一直到 1958 年，在商业教育的主要报告中都没有提及职业道德问题。到 1972 年，40% 的商学院已经开设了这类课程。

到 1984 年，该比例上升到 84%。然而，管理学院目前还没有优秀学者有兴趣对这些职业道德问题进行深入研究。最近一项研究指出，"除了个别例外"，商学院教师"即使非常愿意也根本没有能力对商务职业道德问题进行严谨的理论思考"。因此，"相对较少的商学院会提供引导学生以职业道德为标准进行经济和管理决策的课程。"[1]

关于企业社会责任的课程情况也大致相同，此类课程现已较为普遍。然而，尽管许多知名高管认为公众对企业社会地位的态度会对美国企业的未来产生决定性影响，但管理学院很少会有有影响力的教师公开表达自己对企业责任或自由企业角色的看法。企业高管有时会抱怨说，以约翰·肯尼斯·加尔布雷思（John Kenneth Galbraith）、查尔斯·林德布洛姆（Charles Lindblom）和罗伯特·海尔布罗纳（Robert Heilbroner）等作者为例的学术批评者对商学院有偏见。然而，奇怪的不是批评商学院的人存在，而是很少有商学院的优秀教师愿意或者有能力为商学院进行有效辩护。与职业道德课一样，企业社会责任课在大多数商学院里仍然只是边缘课程，而且根据目前该主题的学术发展情况来看，未来这类课程成为核心课程的可能性仍然很小。

---

[1] Charles W. Powers and David Vogel, *Ethics in the Education of Business Managers* (New York: Hastings Center, 1980), pp.58, 36.

以前，法学院提供的关于职业道德和职业责任的课程很少，进修这类课程的学生人数也很少。20世纪60年代末，法学院律师事务所项目的迅速发展强化了这类课程。有的法学院律师事务所把职业道德、法律服务途径以及职业社会责任等话题纳入教学内容当中，有的则没有这么做。但至少在所有律师事务所中，学生都能近距离地接触到这类问题。与现有的大多数此类课程相比，在律师事务所项目中为穷人辩护也许更能提高学生对法律服务质量和执业道德难题的认识。

法学院律师事务所项目出现后不久，另一个群体也表达了对此类课程的支持。多年来，行业代表不断敦促法学院设置有关职业道德和社会责任的课程，但院长们一直没有采纳这些建议。1973年的"水门"事件之后，美国律师协会和法学院代表最终通过了一项决议，要求把学生接受职业责任教育作为从业的前提条件。

法学院是罕见的尝试通过强制措施实行课程改革的例子，结果很有意思。有了美国律师协会提出的这项要求，从业的法学毕业生不太可能不了解职业道德和法律服务等重要问题。此外，许多教师不得不为了一些必要课程的教学去熟悉这些话题。然而，改革结果并不完全符合行业领导的预期。对美国律师协会制定的这项要求的评估调查表明，学生对此类课程的评价一般较低，他们认为这类课程比较无趣，不具挑战性，教学效果也比不上传统课程。在研究方面，关于解决非诉讼纠纷以及为穷人提供法律服务等领域的研究无疑比以前多得多，但是关于职业道德问题的学术论文资料库规模仍然很小，而且很少有教师重视对这些话题的研究。此外，由于法学院的教师有很少接受过实证研究方面的培训，他们无法进行这些领域最需要的研究工作，因此关于法律体系问题和寻求法律服务途径等话题的研究仍然受到阻碍。

美国律师协会提出的要求犹如催化剂，推动了更多的学院教师参与法律职业道德和职业责任的教学工作。然而强制性的举措并不一定能成功，除非它们能真正激发教师对这些话题的兴趣以及深入研究这些话题的意愿，否则改革能带来的效果仍会非常有限。在这方面，就法学院的情况来看，人们尚未能做出任何定论。

第六节 对专业学院的评估

简单概述了影响职业教育的因素后，该对专业学院的教育体系进行反思了。学院是否能充分满足学生的要求？学生接受的专业教育是否足以培养他们的专业技能？学生是否准备好引领行业发展，致力于提高专业标准和表现来为公众服务？

对专业教育质量的判断在很大程度上是主观的，因为目前对专业教育的影响评估比对本科教育的影响评估更缺乏，更不尽如人意。然而值得高兴的一点是，至少与其他国家的专业教育方法相比，美国更胜一筹。一些国家，比如英国，在培养全科医生方面优于美国，以满足国内的医疗需求，但是在培养更专业、复杂的医学分支的专科医生上，却没有超越美国。全球年轻有为的医生都渴望到美国进修，这就能很好地说明这一点。相比之下，很多国外的报道指出，欧洲的很多医学院面临着与其学院所在大学同样面临的一个或多个问题：过度拥挤和过度招生、政治化管理、过度集权和过度监管。

美国商学院吸引了许多留学生，成了欧洲和第三世界国家商学院纷纷效仿的对象。似乎越来越多的外国学生想到美国的商学院或受美国模式影响很大的院校就读。当然，有人会批判美国的管理教育方法，日本就是个很好的例子，很多日本的大型企业拒绝雇用商学院的毕业生，它们更愿意培训自己的经理。然而，即使是日本庆应义塾大学的管理学院也明显在效仿哈佛大学商学院的模式。在日本，备受争议的问题不是日本的商科课程是否优于美国，而是其管理教育理念是否健全。

法学教育很难与其他国家做比较，因为法学教育取决于每个国家特有的法规、制度和惯例。与美国的制度不同，欧洲的法学教育更强调问题解决能力和法律推理，用约翰·亨利·梅利曼(John Henry Merryman)的话来说，"更抽象，更关注哲学问题而不是现实问题,更抽离于社会问题的解决方案。"[1]欧洲的教师往往把法律视为一门该在大课上讲解的科学。对比研究还指出,国外的全职教师人数锐减,而且教师一般对教育评估或教育改善不感兴趣。外国的法学院经常人满为患,例如,罗马法学院有超过12 000名学生。在这些拥挤的学院里,很少有学生会认真预习或者按时出勤,而且很多学生都是非全日制的。在这种情况下,教育很难发展。但在法学教育上,很多欧洲国家有一个方面做得比美国更好,那就是给予所有学生在有效监督下实习的机会,但这也是业界组织的而不是由学校监管的项目。

尽管美国优秀的专业学院经得起与其他国家的比较,但是专业教育体系也有其缺陷。有些是由知识局限或成本问题造成的,有些则不是。目前美国的法学院、商学院和医学院仍未能充分满足不同利益相关团体的重点需求。

一、学生需求

这三类专业学院的教师一直以来不断努力克服一些基本的教学困难,不同类型的专业学院面临的问题性质大不相同。法学院遇到的一个长期问题是如何在第一学年后继续保持学生的兴趣,因为不管什么科目的课程大多都会继续采用法律分析这一基本的教学方法。正如一位教师所说:"简而言之,法学院极其无聊……

---

[1] John Henry Merryman, "Legal Education There and Here: A Comparison," *Stanford Law Review* 27(1975):866.

因为大一之后学生学会的唯一一个本领是假装认真上课。"[1] 相对知名的院校还会面临另一个问题,那就是无数律师事务所的招聘专员在大一后期就开始用暑期工作分散学生的注意力。

相反,医学教育随着时间的流逝变得越来越多样化,越来越有意思。医学教育的一个关键问题在于教学内容几乎只集中于生物医学,而且在前两个学年这个问题尤其突出。在此期间,学生听大量的课以及记忆海量的基础科学材料,但很多内容都会很快地被遗忘。最近一份由教育专家小组做出的国家报告指出:"医学院的教师认为医学教育必须跟上生物医学的发展步伐,于是扩充了学生必须记忆的信息和知识内容。教师太过于专注向学生传授事实信息,忽略了技能、价值观以及态度等重要方面的职业教育。"[2]

商学院面临的问题与法学院和医学院不同。商学院的教师无法对企业高管的基本任务做出统一的定义,更无法统一此类课题的教学方法。律师在分析法律问题和辩论案件时有规范的推理方法可以采用,医生在应用医学知识诊断疾病和提出合适的治疗方案时采取

---

[1] Thomas F. Bergin, "The Law Teacher: A Man Divided against Himself," *Virginia Law Review* 54 (1968): 648.

[2] *Physicians for the Twenty-first Century: Report of the Panel on the General Professional Education of the Physician and College Preparation for Medicine* (Washington, D.C.: Association of American Medical Colleges, 1984), pp.2,3.

的手法也大致相同。然而，商学院的教师却难以对企业高管的成功之路进行单独分析和教学。由于大型企业中有商学院学位的 CEO 少于 20%（尽管这一比例在上升），因此有人甚至认为正式的商科教育并不必要。这些不确定性也许有助于解释为什么不同的商学院在教学内容和方法上的差异比其他专业学院大得多。

这些问题困扰了专业学院很多年。学生现在提出的抱怨与几十年前提出的几乎一样，这也许说明了这些问题有多难解决。对此，人们一直怀疑教师付出的努力不够。显然，法学院最近在教学方法多样化方面取得的大部分进展本可在几十年前就实现。关于医学教育的高层报告同样表示，假如医学院校不那么偏重研究，它们本可以做更多的工作来整合基础学科和临床学科，减少课程数量。大部分教师队伍由专注研究的博士组成的商学院很容易会侧重基础学科技能的培养，而忽略了很多管理的实际问题。在这三类专业学院中，缓慢的进展表明教师缺乏有效的改革动力。

二、行业需求

多年来，专业学院未能有效培养学生的基本技能，特别是谈判、咨询、劝导以及其他形式的人际交往技能，但这些技能对职业发展至关重要。多年来，大多数教师没有真正花心思去尝试教授这些技能。

近年来，许多学校在这方面取得了明显进步，推行了许多试点课程来培养各种技能。然而在大多数情况下，这类课程仍然只是由个别教师给一小部分学生讲授。这些教师本应得到鼓励和大力支持，但由于这种教学模式仍未被普遍接受，因此这类课程对学生技能培养的影响比本能带来的影响小。

学院代表也许会说，大部分技能都能留到实践中学习，这样学生能在有经验的从业者的监督下掌握这些技能。根据这个观点，正式教育专注于分析和概念推理再合适不过了，但这并不是一个令人满意的答案。许多刚刚从业的新人在培养技能方面并没有受到严格有效的监督。更重要的是，这个观点对知识教育和实践之间的关系缺少正确的理解。教育和实践不应该是二选一的关系，而应该是互补的关系，因为只有两者结合，教育才能产生最佳效果。学校可以做的是教学生如何分析不同的技能，了解它们的组成要素，并理解不同要素是如何运作以产生理想效果的。这样，正规的教育能使学生学会更好地反思自己的工作，并通过反思有效提高自己的工作能力和表现。

理论上说，假如学生或雇主对学院施加更大的压力，学院可能会更努力地教授职业技能，然而这种压力大都不存在。最有影响力的雇主是大型企业，而大型企业完全可以自己组织基本职业技能培训。至于学生，他们很少有足够的水平去质疑学院的教学决定。这并不意味着学院教师会肆无忌惮地忽略行业的需求，他们聆听从业者的抱怨,也认识到自己所承担的教育责任,但他们缺乏紧迫感。每位教师都可以自己决定授课内容,但职业技能教育并没有受到学院重视,在这种情况下,教育进步的速度往往会比较慢,假如学院的发展取决于教育改善的速度,那么教育进步的速度就会快得多。

三、公众需求

社会对从业者的期望很高,尤其是对本章讨论的三种职业。尽管法律诉讼经常让人心烦,但也许只有在莎士比亚的作品中才会有人想杀死所有律师。无论承认与否,我们都知道国家需要律师,还有公司管理者和医生。培养适量的人才来满足社会的需求是专业教育的重中之重。然而似乎没有任何一个国家能一直实现这一目标。在美国,偶尔会出现从业者短缺的问题,但更多时候,会出现供大于求的问题,比如最近博士过多的情况,还有不断增长的医生人数。事实上,虽然美国看似能容纳无数的律师,但媒体已经指出律师行业过于饱和的问题。

出现供大于求情况的一个原因是专业教育经常得到大量资助,另一个原因是学生有时候对他们的就业前景过于乐观。前文已经说过,统一规划体系同样具有不稳定性。不管政府做出何种尝试,它们依然无法准确预测未来的市场需求或者在预测时避开巨大的政治压力的影响。因此,在准确性这一方面,两个体系各有缺陷。

但美国自由开放的体系似乎确实能给予年轻人更多的职业选择自由。因此,当理想无法实现时,他们更愿意接受自己的选择带来的后果,而不会把责任归咎于国家。至于这些特征能否使美国自由开放的体系优于其他国家,这不是一个客观的问题,而是一个个人观点。我们只能说,美国自由开放的教育体系比中央计划体系更符合美国的社会价值。

公众也会关注招生政策。专业学院犹如行业的守门人,进入这些行业一直是社会流动的重要手段。因此,渴望提高社会地位的群体会想方设法上大学。在这个方面,至少最近,学校是做得相当不错的,它们一直为弱势群体提供奖学金。自1970年以来,它们不断招收女性学生和少数民族学生,并鼓励他们利用积极招募、资金援助和弱势群体优惠政策等途径入学。

在做出这些贡献的同时,专业学院面临着来自行业的一系列挑战。目前,本章提到的三种职业中没有任何一个享有较高的声誉。在过去20年里,公众对律师、公司高层和医生的信任度明显下降,对从业者职业道德的信心也大大减少(尽管医生的表现比律师和企业高管好得多)。也许在很大程度上这些趋势反映了美国在"水门"事件和越南战争之后的不景气,但也有可能是公众对这些具有影响力的职业从业者抱有的期望越来越高的原因,这些要求给每个行业带来了严峻的挑战。

相对人口总数而言，目前美国律师数量比其他任何一个主要国家都多。然而，许多人认为美国的法律服务严重分布不均。机构以及经济条件宽裕的个人感觉自己备受过多法律条例和诉讼的困扰；企业因延期审理和繁文缛节而苦恼；学校、医院、工会甚至大学因过多的法律法规感到疲惫不堪；保险公司和医生因无尽的案件审理苦不堪言。然而在机构对过多的法律法规产生抱怨的同时，中低阶层群体往往得不到价格合理的法律服务。贫穷的被告在刑事法庭上被仓促判刑，而经济条件一般的群体甚至连简单的法律问题带来的律师费用都无法支付。

医疗的情况有点类似。在新技术和宏大的保险计划的推动下，社会整体医疗费用在过去 25 年间稳步增长，占国民生产总值的比例从 5.5% 上升到 11%。面对医疗费用增长了数百亿美元的情况，政府和私人团体共同寻求减缓成本上升的方法。与法律服务不同，绝大多数人都能通过公、私立医疗机构获取适当的医疗服务。然而，仍有超过 2500 万人无法通过上述途径获取医疗服务，他们往往只能得到慈善性质的医疗服务。这种医疗服务通常比较差，而且由于医疗费用较高，他们经常即使遇到急症也无法寻求适当的医疗服务。因此，除了法律服务，贫困群体和弱势群体同样无法承担昂贵的医疗服务费用。

商业面临着与法律行业和医疗行业不同的问题。人们总是嫉妒和不信任那些致力于获利的人。但多年来，美国企业高管一直因其高效率和首创精神赢得人们的敬重。然而当下美国与日本以及其他已经实现工业化或正在进行工业化的国家之间的竞争正在威胁商业人士的地位。同时，公众仍然在各个方面对大型企业抱有很高的期望。随着经济发展变得越来越复杂，道德问题也变得越来越敏感，这时人们给企业高管设置的道德标准比以前更高。政客和舆论领袖呼吁企业帮助解决从长期的失业问题到艺术表演的资金问题等一系列社会需求问题。随着公众逐渐认识到竞争体系和政府监管的局限性，不同利益群体开始倡导企业高管在专注企业管理问题之余主动帮助解决少数民族和妇女的要求、环境需求、学校和市中心问题，以及许多其他问题。

总的来说，专业学院几乎没有培养学生应对这些问题的能力。学校不太重视教导学生去思考行业中的道德两难问题，或者去考虑行业面临的社会问题，但最近很多学院开始开设这类课程。然而与教授技能的情况类似，这类课程通常是选修课，学生人数也很少。法学院是唯一的例外，但连法学院也只是因为行业的强烈要求才把职业责任教育设为必修课程。

的确，课程无法把未来的从业者变成道德高尚或是关注并致力于推动行业发展的人。但这样的课程和阅读材料可以帮助学生理解行业历史，了解行业的主要需求和短板，并让学生接触关于改革措施的最前沿的思想。职业道德课程能帮助学生识别道德两难问题，让他们接触到这个话题的最佳著作，并教导他们如何通过符合职业道德的手段去实现目标。虽然目前没有办法考证，但这类课程应该能对具有正常敏感度和良知的学生的行为产生有益影响。质疑这类课程的人有时会认为，课程无法塑造学生的品质，也不能改变那些不关心他人利益的学生的心态，或者认为这类课程缺乏将理论用于实践的精神。但任何职业教育都会遇到此类抨击。没有任何教育能使一个不沉稳的人变成一位有智慧的企业高管，或者将一个自私自利的人变成一个具有人文关怀的医生。专业学院从来没有承诺过，学生能通过接受专业教育培养出行业所需的所有性格品质和判断能力，然而这并不意味着专业学院应该放弃为学生提供力所能及的优质教育的努力。若从整体上看专业教育，任何人都会同意这一点。这类课程标志着人们对职业道德和社会责任的矛盾心理，所有理性的人都会质疑目前对这类课程的定位。

当下专业学院对这些话题的不重视令人感到特别遗憾。也许是因为法律、商业和医疗等行业面临的社会问题过于严峻和复杂，从业者无法独自解决这些问题。但显然，假如从业者不积极合作，国家永远不能克服这些问题。没有医生的帮助，我们能在保持医疗高标准的同时控制医疗成本吗？答案很明显是否定的。然而，医学院宁愿把责任推给美国医学协会也不愿意努力对学生进行这方面的教育。法学院和商学院同样忽略了这方面的问题，结果这三类专业学院都丧失了它们本应扮演的传递职业良知的角色。

四、职业满足感

职业责任教育的缺失还会给学生本人带来另一个令人担忧的后果。学校不重视对学生进行行业历史及行业问题或职业义务等方面的教育，从而忽略了指导学生深度思考如何在工作和职业生涯中寻找意义这一棘手问题的机会。这些年来，这个话题变得越来越重要。引用最近一项关于美国特征研究的一段话：

在19世纪中叶的小镇上，显然每个人的工作都能造福全体，工作中重要的是人与人之间的道德关系，而不仅仅是物质或精神上的回报。然而随着大规模工业化社会的到来，工作不再被视为对全体的贡献，而更似一项单独的、利己的活动。[1]

显然，工作和职业生涯的意义是非常个人的事情，学生和从业者都必须找到自己的答案。有的人可能会寻求别人的认可和物质奖励，有的人可能会从一流的学术研究能力中获得成就感。但对大多数人来说，只有不断为别人提供重要的服务，才能获得持久的满足感。

大学不能为学生提供这个问题的答案，大学能做的是强调这

---

[1] Robert N. Bellah, Richard Madsen, William M. Sullivan, Ann Swidler, and Steven M. Tipton, *Habits of the Heart: Individualism and Commitment in American Life* (Berkeley: University of California Press, 1985), p.66.

个话题的合理性和重要性，以及为学生提供阅读材料和机会去仔细思考这个问题。通过专业学院的课堂和图书馆，学生已经能获取很多有用的资料。以行业历史为主题的课程可以帮助学生了解职业的起源以及发展历程，以职业道德和职业责任为主题的课程能为学生提供如何在执业过程中帮助他人的方法建议。传记能通过展示模范人物的一生来阐述在事业中"成就伟大"意味着什么。个别教师可能已经有意无意地涉及了这些话题，但学院整体不太主动承认这些话题是专业教育的重要部分，不去承担集体责任来寻找帮助学生更有效地思考这些重要问题的方法。

人们也许能理解为什么许多教师在这方面无所作为。工作意义是个尴尬的个人话题。很多学生也许还没有准备好去认真思考这个问题。很多教师可能心里不确定自己是否在生活中找到了足够的意义，是否有资格跟学生讨论这些问题。然而，假如学院不把这个话题作为专业教育的重要部分，那么学院就会忽略掉对很多学生而言无疑是他们即将在职业生涯中遇到的最重要的问题。

对美国专业学院的任何评价都取决于我们选择使用的标准。与国外的专业学院相比，美国的专业学院确实能力很强。它们的课程很有趣，教学方法非常新颖，而且课程设置也符合许多行业要求。然而，若根据行业需求来衡量，即使考虑到成本约束和知识局限，专业学院的表现也明显不够理想。

了解专业学院的运作环境后我们就能发现，评估结果与人们的预期非常相近。事实上，美国的专业学院受到来自各个利益相关团体的压力更大，也有更多的自由去尝试新的课程和教学形式，这使得它们的表现优于大多数其他国家的专业学院。同时，由于教学的竞争压力比研究的竞争压力要小得多，因此学院教师在满足学生、从业者和公众的合理需求方面没有紧迫感。正是因为这种紧迫感的严重缺失，教师未能取得他们本应能取得的成就。

近年来，社会需求不断增加，改善的呼声越来越高，学院也开始做出回应。当今的教师无疑更加努力教授重要的技能，并让更多的学生接触关于职业道德和社会责任的问题。然而总的来说，这类课程仍然只是边缘课程，并未被纳入基础核心教学当中。有人讽刺道，根据目前的状况，这类课程的前景并不明朗。在过去的二十几年，商学院、法学院和医学院的发展重点已经明显从行业的实际利益问题转移到更抽象的学术研究。在这种情况下，大多数教师允许法学院律师事务所项目和其他技能教学项目的存在，以便能继续专注于更多的理论研究。出于这种动机，学院并不反对新的课程，但也未能将成功的实验课程整合到大多数学生修读的基础课程中。只要这种情况普遍存在，这些课程在未来的发展就仍会面临很多不确定因素的影响，而重要的需求也只能部分得到满足。

第四章
高等教育的新发展

在 1971 年任职后不久,我偶然间翻阅到一些有关大学最佳规模的资料。部分文章稍显乏味,但有些却相当有趣。在一项研究中,一所大学的校长打算探究他的学生主体数量可以达到多大,他认为一名普通本科生在上午 11 点的课程结束后步行穿过主校园时,碰到至少两个以上的熟人,这样的规模是合适的。研究人员用大量的统计学技巧抨击了这项研究结果。我最初的想法是一所大学适合的规模就是已经入学的学生数量,但研究结果使我开始怀疑我最初的想法了。

我读到的其他研究都没有以如此有启发的指责性话语开头。但是所有的这些研究都想弄明白,在未实现的规模经济和过大的规模之间,一所大学有多大的操作空间。一般的答案是一所大学至少需要 5 000~6 000 名学生，才能有足够的基础建立尽可能多的一流院系。然而，如果超过 15 000 名学生，更多的规模经济似乎无法实现。超过这个限度的院校除了官僚主义、效率低下、日益失去对个人的关注外，再没有什么成就可言，至少专家们是这么认为的。

看过这些报告后，我很快就意识到哈佛大学的学生数量已经达到了 15 000 人。仅近十年学生人数就不知不觉增加了 4 000 人左右，尽管哈佛大学在这段时间内并未新开设任何大型教学项目或者专业学院。看起来有必要立即采取行动，我立即向院长们签发备忘录，要求他们维持现在的入学人数，除非他们得到了我明确的扩招许可。我们立即开始像数钱那样仔细地清点学生数量，并且成功地在接下来的十年中把学生总数维持在 15 000 人以内。

我对于这项成就沾沾自喜，直到有一天我突然惊讶地发现，入学人数的零增长只是表面现象。除了 15 000 名"常规"入学的学生，还有 4 500 名其他人员每年来到哈佛大学接受某种形式的正规教育，这一数字比十年前多得多。我才意识到我们有暑期学校、进修课程、职业中期管理培训，但是我从来没有把这些学生考虑进来，更没有想到这些学生的数量有近 4 500 名。

这些人都是谁，我思索着。答案十分有趣，"这些人"的来源非常的广泛：销售人员和律师，家庭主妇和企业高管，店主和市长，

第四章
高等教育的新发展

他们在周末、晚上、暑期来到这里待上几天、几个星期、几个月，逐渐地，他们开始改变着这所学校的本质。不容置疑，他们使我想起中世纪的大学里不同年龄的人集合在一起学习的场景。

这种情况表明在大学中确实发生着重大的变化，这些变化有时不需要学校管理人员知道或者批准。这些变化有的是由社会的新需求引起的，有的是由教育界新的思想或者新的世界观引起的，还有的是由技术革新引起的。在过去的 15 年间，有三个重要的变化是由这些原因引起的：终身专业教育的增长，新的公共政策与管理学院的出现，校园内电脑的普及。

第一节 专业发展的教育

这些非传统的学生成群结队涌进哈佛大学的原因有很多：提前体验大学的感觉，测试一下对特定职业的兴趣，出于文化原因而探索某个学科，为退休做准备等。但是非传统学习领域的最大发展并非是出于以上动机，而是出于与职业和工作相关的原因。

在一些新领域，至少在哈佛大学，一批经验丰富的专业人员来到这里待上一整年，学习他们自己选择的教学项目。这类人中以新闻工作者和外交人员尤为突出。可以想象，他们出现在大学校园里有着很多偶然的原因，可能是由于某个特殊的捐赠者或某个有开拓精神的教师的特殊兴趣。但这里面除了偶然的机会，可能还有更多的原因。记者和外交官这两种职业要求都很高，需要处理各式各样的小危机，工作也较为繁重。与此同时，这两个领域的专业人员可以从回归校园学习与工作相关的科目中获益。如果政治新闻记者更好地掌握美国历史或懂得政治理论，写作就能更有深度；外交官也许有理由去更多地了解关于武器管制、国际经济或其他有用的知识。对这些人来说，一年的脱产学习带来的益处可以持续很长一段时间。

还有多少其他职业的从业者可以通过以上方式获益呢？毫无疑问肯定还有一些，但是数量有限。任何领域的从业者应该都可以从休假中获益，从繁忙的工作中脱身来做一些自己感兴趣的事以及进行休整。然而很少有人会觉得一年的学习给他们工作上带来的好处能像给记者和外交官带来的那样多。社会工作者也许会认为学习对他们的工作很有好处，牧师和教师肯定也是这么认为的，但其他行业的人就很少会这样认为。大多数医生不需要用一年时间来学习现代生物学或医学史，许多律师也不会觉得花费一年时间阅读哲学、经济学或宪法理论对他们的职业生涯有多大好处。

另一批在职学习的学生群体是那些在较大机构中做出了杰出贡献、等着被提升到更高管理岗位的人，这种晋升在公司、军队、联邦行政机构中最为常见。在职业生涯的关键时刻，有机会与教师和同学们讨论将来在他们承担新的职责时可能遇到的各种问题将会获益匪浅。与教师和同学们讨论的经历，并不旨在获得知识，也不是为了掌握特殊技能，而是为了获取一种用更广阔的视角和对待许多不同方法和观点的开放性来处理更庞大的、更模糊问题的能力。这种转变最容易从与来自各种背景的人一起浸泡式学习的几周或者几个月中产生，因为这些人来自不同组织、不同行业甚至不同国家。

有些其他行业中成熟的从业者很少转到一个新的、更大的行业中工作，他们通常一生都专注于一个行业。大公司的律师通常都是这样，大部分医生也是如此。这些人回到大学学习主要是参加短期培训，以便了解最新的行业发展，学会最新技术，因为法律和医学等领域的新知识如潮水一般迅速发展。幸运的是，技术正在迅速地提供新方法，帮助专业人员在浩瀚的资料中搜寻，以便他们找到解决具体问题所需要的信息。电视和计算机使得医生和工程师甚至可以不离开家或工作地点就能学会新技术，赶上发展的新趋势。当然，专业人员不能仅仅依靠机器来了解新发展、分析新模式、同步信息、提取意义，他们还常常依靠论坛，在知识渊博的教授指导下与同事们交谈。正是这些需要，导致了法律和医学领域短期"补习班"项目的稳步增长，这些项目的时间范围从一周到两周不等。

最早重返大学学习的理由是获得新技术和新知识，以便实现职业转型。经过几代人的发展，成年人涌向进修课程，有的为出国工作而学习外语，有的为从事商业而掌握计算技术，有的为获得教师资格而学习教育心理学。在过去几年里，计算机越来越重要，吸引了许多希望成为程序员的学生。

一直以来，主动来到大学学习新技术的学生多是为了将来能找到满意的工作。最近，大学开始吸引那些已经得到了新的艰难的工作、觉得需要为新的职位做准备的人。这种现象目前在公职人员中尤为明显。人们常常在职业中期被任命到负有更大职责的岗位上，但却缺乏这方面的准备。国会议员、法官、市长和各种各样的政治任命都属于这种情况。早先一些时候，适应这些工作虽然困难，但也不会那么令人望而却步。然而，在过去的一代人的时间里，许多重要的职务面临许多复杂的问题、大量的信息、各种复杂的分析方法，在这种情况下，许多新任命的官员感到他们有必要接受某种形式的系统训练。

为满足这个需要而制定的教学项目通常过于简单，不能达到大部分人的要求。尤其是新当选的官员更是这样，他们只能挤出几天时间来学习，几天的学习最多只能消除新工作对他们的神秘感，只能学到一点如何应对工作的基本概念。尽管如此，他们仍然踊跃参加学习。曾经几乎不会有当选的官员觉得为了这样一个目的在大学哪怕学几天也是值得的。而如今，超过三分之二新当选的国会议员每两年就自愿来哈佛大学参加强化学习。当然，来这学习会有更多的机遇。

一些课程项目，如为国会新议员开办的项目，正是激发大学开办非传统教育的原因。早些时候，大多数教育家认为这类课程是社会服务性质的——学费很低，为没钱上大学或因为职业上、文化上的需要而继续学习的人提供教育。刺激这种暑期学校不断发展，后来又扩展到其他非传统教育形式的第二个原因是希望大学的设备得到更有效的利用，从而分摊固定成本。大学的这种动机在20世纪70年代变得尤为强烈，因为那时经过25年的繁荣后，大学不得不寻找办法应对通货膨胀和政府削减经费。

新的课程项目提供了开办非传统教育的理由，这个理由截然不同于想要为社会服务和提高整体水平。只要这些过去的动机依然盛行，如果由其他人授课，在时间和地点上也不干扰正常的教学安排，那么大学里大部分人能勉强容忍继续教育课程的存在。但是现如今，政府领导人、舰队司令、新闻工作者和其他地位显赫的人都在寻求获得大学教育，那么以前的消极态度就会开始改变。很少有教师会对用晚上时间讲授会计学或计算机编程感兴趣，但谁能说为新当选的议员或新任命的法官授课不像为大学或专业学院常规班级授课一样刺激、一样重要呢？

面对这种新的趋势，我们需要更认真地考虑继续教育在大学里的适当地位。现在正是时候！当大学吸引了超过正规学生数量几倍的非传统学生，大学不能继续在周末和假期挤出时间开办在职教育项目，重新考虑非传统式教学项目在大学常规工作中所占地位的时机已经到来了。

为了能够严肃地对待这个问题，我们必须摒弃认为只有18~25岁的人才是"真正"的学生的想法。我们需要客观地比较教年轻人和年长的人的优缺点。用萧伯纳（George Bernard）的话说，青春不是年轻人的专属品。

事实上，教年轻学生确实有许多优点。关键点不是他们聪明伶俐（虽然他们可能在某些科目上有优势，比如计算机和微积分，这样的科目要求纯粹的、绝对的聪明），而是因为教育的目的是培养学生为进入成人时期以后的职业生涯做准备，错过之后就不可能再重复。一年的休假时间可以为许多忙碌的成年人提供理想的思考和更新知识的机会。但中年时期的四年大学时光与青年时期的意义可不一样，青年时期的四年大学时光需要找到自己，弄清楚自己与别人的关系以及对工作和职业前途的追求，并且在实际生活中，由于很少有人能在中年时期放下工作到大学学习四年人文学科，因此大学总是更适合青年人。

在专业教育方面，早期受的教育无可取代，尤为重要。随后了解专业领域内的新发展或拓宽视野都很有价值，然而更重要的是在职业生涯开始之前就掌握本专业必要的技能和知识。人们可以想象一个已确立了社会地位的律师、医生或建筑师能够继续工作而不需要再接受教育，但很难设想，没有受过正式专业教育的人能审理案件，给病人做手术或设计住宅楼。

将为年轻学生开设的正式教育放在优先地位，并不意味着所有这些教学安排都是合理的，也不意味着现在的这些课程一定要延续下去，或者录取学生的数量一定要保持像现在这样的规模。通过仔细观察，我们也许可以发现一些传统教学项目过大，耗费的时间和资金过多，大学本可以充分利用这些时间和资金来为年龄大的听课者服务。这是一个值得探讨的话题，因为相比青年学生来说，年龄大的学生有着很多不能被忽视的优势。

有经验的专业人员在职业生涯的中期来学习，通常比青年学生动力更足。他们中很少有人愿意耗费时间、不怕麻烦地离开工作岗位来学习，哪怕只是抽出几周时间，除非他们对来大学学习有着非常明确的目标。由于他们中的很少人长时间地在大学学习过，因此，他们不讨厌写论文和听课，对这些人来说，学习机会很难得，因而能以极大的兴趣和热情去学习。

相比而言，青年学生连续上了这么多年学，已经疲倦不堪，疲于坐着听讲，疲于应付作业和考试，有些人甚至不明白自己为什么上大学。例如，1970年哈佛大学对法学院新入学的学生进行了一项调查，结果表明20%的学生非常肯定地说他们将来绝不会从事法律工作，有将近25%的学生承认对将来从事什么行业完全没有想好。尽管这些学生仍然可能从大学的经历中学到一些东西，但是他们中很多人的所学远没有达到预期，如果他们放弃目前的专业学习，至少暂时放弃，那么他们会学得更好些。

即使新入学的学生立志从事与法律相关的职业，也无法确定他们将来最终能做出多少成绩。传统的筛选学生的办法，强调的是学生的学习成绩和标准化考试的成绩，这种办法对于预测学生在专业学院的成绩只能起到一点有限的作用，而且这些考试的筛选标准对预测哪个学生能在未来的职业中取得重大成就没有多少参考价值。而在职学习的学生则不同，这些人已经坚定地投身于他们的职业中。基于他们已经做出的工作成绩，我们可以对他们以后的成就做出比较准确的预测。因此，如果录取有经验的在职人员，大学更有可能选择那些未来能够在职业中更进一步、取得重大成就的学生。

年龄大的学生另外一个优势是有一定实践经验，这些经验对他们的教师有好处，尤其是对专业学院的教师。因为大部分在职进修课程是用讨论的方式进行的，课堂上参与者的反馈是及时且充分的，而且，学生通常有许多机会与教师进行非正式的接触。

在这种情况下，教师有机会给有实践经验的律师、建筑师、学校主管或企业经理授课，对教师保持与这些实践型职业的联系有许多好处，能刺激那些因教学方法和教学材料过于抽象或陈旧以至于不能满足学生需求的教师进行改进。

对有一定地位的专业人员进行教育的优势很多，我们有充分的理由朝着这个方向做出更大努力。那么，我们怎样重新安排大学已有的课程，怎样把教育机会分配给各个年龄段的学生，使学生获得最大的收益呢？由于大学不能无限扩大，仅仅简单地新增教学项目是不够的，我们还必须知晓削减哪些传统课程以给年长的学生留出位置。

本科教育应当继续留给青年人，理由我已陈述了。然而，假设一个有着几千名本科生的大学发现它有可能吸引几百名有才智、在有趣的职业中立稳脚跟、渴望来大学学习一年的年长的学生，包括新闻工作者、外交官、神职人员想来学习、沉淀一段时间；律师、企业主管、公务员和其他相似职业人员，想利用假期来学习一些个人感兴趣的知识；同样假设大学不希望再增加在校学生人数，大学该如何选择？

如果必须要做出选择，一个明智的大学也许倾向于招收年长的学生。只要与这些学生交谈过的人都会知道这些年长的学生多么珍惜这个学习机会。他们从大学学到很多，也为大学带来很多。

本科学习经历的价值在于有机会认识各种背景和才能的人。这就是为什么大部分大学如此强调招收不同种族、不同地区、不同职业背景和不同收入群体学生的原因。然而，尽管我们做了这种努力，大学仍然主要由青年人这个单一的群体构成，大学的学生很多元、有趣，但几乎全在 22 岁以下。从这个角度看，有机会吸引几百名来自各行各业的年长的学生会有很多好处。在关于课程、时事、个人困境或职业规划的讨论中，有一定成就和经验的人可以给大学社区带来一种独特的好处，因为在这个社区中，即使是教师们也可能过着非常单一、封闭的生活。

在专业学院，有更多不同的机会为年长的学生留出位置。法学院就是很有可能首先为年长的学生腾出位置的地方，因为一些著名的法律教育家和律师组织已经指出，基础的职业训练时间过长，应当由三年缩短为两年。院长们则反对这种看法，部分原因是担心由此引起的入学人数下降会耗竭学院的资源。但为年长的律师开办一系列有实际价值的教学项目可以弥补这个损失。一些院系能够在复杂的专业领域开设硕士项目，如税收、反托拉斯或国际法等专业，尤其是处于市区的学院可以吸引当地的从业者利用业余时间来学习。最终，一些法学院可能会成功说服法院鼓励新近任命的法官花几个星期或几个月来学院进修法律证据、法律程序和其他相关的高级课程。还有其他一些法学院可开设一些培训律师专业助手或培训调解人、仲裁人和其他人才的课程，以满足社会对不同调解纠纷方法不断增长的需求。

这些建议可能看起来有些过激，但有经验的法学教师清楚，大三学生对课程感到厌烦，是因为有很多课程与先前为培养分析能力的课程重复。由于在同样的课程里，大三学生似乎并不比大二学生表现得更好，所以最后一年的学习对培养学生的推理能力好像也没有多大帮助。

建筑学院呈现出一种不同的情况。毫无疑问，从大学毕业的建筑师的数量已超过建筑行业的吸收能力。现有的建筑学院的教师队伍主要由著名的建筑师组成，他们很少搞研究，所教的课程旨在培养像弗兰克·劳埃德·赖特（Lloyd Wright）、李·李比西尔（Le Corbusier）和贝聿铭（I.M.Pei）这样的大师级建筑师。遗憾的是，即使在最好的建筑学院，也只有少数学生将来有机会设计漂亮的建筑。许多学生将为大型商业公司工作，在非常严格的限制下建造普通的楼房。许多人将最终任职于政府机构，评价别人的设计，还有很多人甚至无法在建筑行业找到工作。

培养建筑师的传统方式并不是一成不变的。建立一个更注重研究、能够为获得学历之后的从业者从事高层次工作提供培训的设计学院是可行的。这样的学院可以减少没有工作经验的学生数量，为那些希望转向新类型的特殊建筑任务（不论是办公楼、酒店或大学设施）的建筑师开设集中的职业中期课程，为那些希望从事规划、设计巨大群体建筑项目的建筑师们开设更多的课程。简单的说，也许可以在建筑新材料的开发、节约能源的先进方法、设计过程中计算机的使用等方面开设专门课程。这样建筑院系不但能培养出更符合实际需求的建筑师，而且更能帮助那些有实践经验的建筑师为承接更复杂的建筑项目做好准备。

公共管理领域也存在相似的可能性。近些年，非商业部门的大型组织的管理者面临着越来越多的挑战——更多的预算，更多的员工，更不稳定的雇员关系以及更大的社会压力。这种情况不仅针对管理政府机构的官员，博物馆的管理人员、中小学校校长、医院行政管理人员、基金会负责人、城市管理人员以及其他许多人也同样面临这些挑战。因为在机构里，行政管理人员必须以尽可能高的效率进行管理，以免浪费宝贵的资源。但是他们所需的管理技巧和公司管理人员并不完全一样。他们领导的这些机构有着不同的使命，目标更难评估，时间范围更短，政治压力更大。因此，商学院不一定是适合这些管理人员接受他们所需的培训的地方，而教育学院、公共管理学院、城市规划学院和公共卫生学院也许可以为这类人群提供培训课程。

非营利性部门内的几乎所有重要管理领域都已经有了成功的培训项目。考虑到学校、医院、博物馆巨大的社会重要性，更不用提政府机构的重要性,这类培训课程具有很大的潜在价值,有效的培训项目可以吸引那些在各自机构中身居要职或即将身居要职的专业人员。当然,帮助这部分人发挥更大的作用,也许可以说明某些有选择地削减传统教学项目的合理性,即使这种做法意味着减少传统上占专业学院大多数的青年学生的入学人数。

随着大学更加强调吸引年龄较长的学生,它们会发现自己正在与其他类型的机构进行竞争,如企业和行业机构,因为这些机构也向已有建树的专业人员提供指导。比起刚毕业没有实践经验的学生来说,已有建树的专业人员更有经验,更知道自己的需求,更能选择适合自己的课程。即使这些专业人员自己不能选择,送他们来学习的机构也毫无疑问会权衡可供选择的项目,然后选择最符合它们目的的项目。无论如何,大学都将因此面临一个不同寻常的有需求的市场。

在这种情况下,学校领导将面临比迄今为止所做的决定都更困难的选择。直到现在,专业人员继续教育所取得的进步还没有以牺牲已有传统教育为代价,也没有占用太多从事传统教育的教师的精力。只在极少的情况下,学校会向从事传统教育的教师施压,让他们去教授新开的课程,要求他们共享设备和资源,这样就会给他们增加负担。不管怎样,继续教育已经融入现有的教学活动中,而且为专业学院带来了财政收入,使学院可以达到正常的收支平衡。

大学继续教育的进一步发展会逐渐要求学校做出权衡。在某些情况下，扩大继续教育就会需要削减传统学生的入学人数。吸引有所建树的专业人员的教学项目可能会要求从事传统教育的教师更多地参与其中，要求为学生在一天、一周和一年中方便的时间提供更多使用学校设施的机会。总之，希望把在职教育办成功的大学，需要意识到在职教育是它们整个教学计划的一个构成部分，有权享有和传统教学活动一样的资源，在发展和管理方面也要一视同仁。

到目前为止，继续教育只在一部分院校取得了这样的地位。例如，在医学领域，许多州要求所有医生都要接受规定量的继续教育。因此，为从业医师开设继续教育课程被认为是很重要的，医学院和医疗行业的组织为从业医生安排了一系列令人印象深刻的教学载体。通过自我评估的材料，从业医生进行自我测试，以决定他们需要继续进修的科目。继续教育可以以各种方式进行，如在家中阅读、电话会议、计算机辅助教学、有线电视以及其他人们熟悉的短期复习课。有些学院还能提供更好的教学条件。例如，哈佛大学医学院校友能够重返学校进行为期数天或数周的指导或短期住院医师培训，与常规临床学院成员一起学习。调查表明，哈佛大学医学院临床教师大多以这种形式或另外的形式对从业医生进行指导。

管理学院在职教育的发展同样让人印象深刻。1950年，只有4所管理学院开设经理课程，10年后猛增到60所，1970年更是增加到90所。现如今，有超过80%的财富500强企业派遣高管们参加大学课程。在像哈佛大学商学院这样的学院里，参加这些项目的学生有自己的教室和生活设施，教师被分配到经理班是他们教学任务的常规部分。课程也不仅仅被安排在晚上、周末和节假日进行，而是贯穿于整个常规学年。商学院和医学院一样，在职教育已经成为学校使命不可或缺的一部分。

继续教育面临的巨大挑战是使其成为每个专业学院的教学活动的中心部分，而又不扼杀其所具有的革新和灵活的品质，正是这些品质才使它在过去发展得如此成功。正如我们看到的，继续教育项目的价值是相当可观的。通过努力培训有所建树的从业者，大学对这些职业的发展做出独特的贡献，同时也使教师与实践领域保持密切的联系。在很多情况下，学生的特质、多元性以及他们强烈的学习愿望最能推动大学朝这个方面努力。正如商学院所发现的那样，大学应重视有经验的从业者的经历和兴趣。对于朝着这个方向发展的专业学院而言，在如此严苛、竞争激烈的领域中努力取得成功也许会带来教学质量的提升，这种提升将扩散到继续教育以外的范畴，使整个学院课程受益。

第二节 公职教育

在20世纪80年代回到哈佛大学继续学习的许多非传统学生中，有各种各样的公职人员，市长、议员、将军、舰队司令、总统私人顾问团官员……人数众多，都选择了他们感兴趣的教学项目。他们为什么渴望回到大学？过去为什么来得那么少？为了找到答案，我们必须回到20余年前——回到"伟大社会"纲领时代，回到新边疆时代，甚至回到新政时代。

20世纪60年代的十年，美国民众在对政府和政府所能达成的事业的情绪上产生了戏剧性变化。60年代初期，无数民众被这样的思想所激励：一位年轻的新总统会"再一次推动这个国家前进"，大胆的联邦计划能够克服贫穷、城市凋敝、种族歧视、失业、武器竞赛和其他方面的国家苦难。模范城市计划、美洲进步同盟、向贫穷开战、伟大社会纲领都是民众对金钱和对政府干预效力盲目信任的象征。仅12年后，这种情绪开始衰退。花费了几十亿美元，但问题仍然存在。然而更糟的是，公众经历了一场残酷的、引发不和的战争，高层领导人滥用职权的丑闻，自大萧条以来最严重的失业和通货膨胀。到20世纪70年代早期，民众对政府官员的能力和信任程度急剧下降，肯尼迪时代的乐观主义被怀疑论和幻想的破灭所取代。

20世纪60年代，民众情绪转变的标志是公众寻求与政府角色巨大转变的妥协——这一过程始于20世纪30年代，持续到第二次世界大战以后。那段时期政府的角色急需增加。新政为国内经济创造了无数新的公共职务。

这个转变使政府官员的工作内容在很大程度上变得更为复杂。比起递送邮件、管理海关或作为一个微小的、封闭的权力机构实施外交政策，如何消除贫穷、怎样结合低通货膨胀率和高就业率要困难得多。和早先容易管理的公共机构相比，内阁官员现在需要协调数百个相互独立的政府项目，要调动和监管有上万名雇员的政府部门，要同时集中精力解决几十个不同的危机和要求，所有这些工作都比以前要困难得多。

正是因为这种发展趋势，到20世纪70年代，政府官员显然面临着一项尤其困难的挑战——他们被赋予的权力对全国民众的生活有着决定性的影响，甚至还影响着国外的民众。所以官员们面临的问题格外复杂，执行其决策的许多机构已经发展到相当庞大以至于无法管理的规模。如果美国人对政府失望，以下的原因肯定能够做出一定的解释：政府官员的责任更重要了，面对的问题更难处理了，政府组织比社会上任何其他职业的组织更难管理了。

从"向贫穷开战"到越南战争结束，35年来政府规模以及复杂程度在逐渐增加，而大学还没有开始认真培养担负这些公职责任的人才。20世纪70年代，为公共服务专业开设的教学项目在质量上仍没有达到那些通常给从事法律、商业和医学等职业的人开设的项目。由于缺乏有足够准备的、有才能的青年人从政，联邦机构仍然依赖中下层专业人员——司法部的律师、运输部的工程师、劳工部的经济学家和劳工专家等。对于全面管理和政策制定，行政部门仍然指望行政任命来的官员，这些官员主要是企业经理和律师，正如几十年前一样。虽然这些人都很有能力，但他们通常缺少处理所面对的实际问题或特定的政治问题方面的专业训练和经验。内阁机构的助理秘书平均任期不到两年，在这种大环境下，他们的任期太短以至于无法学会如何胜任此份工作。

为什么我们缺少像法学院、商学院和医学院那么好的公共服务学院呢？部分原因无疑是美国公职人员的社会地位低下。1907年，洛厄尔（Lowell）校长否决了建立行政管理学院的提议，而是决定建立一所商学院，理由是哈佛大学不应当"为一个不存在的职业培养人才"[1]。如果公务员的社会地位高、受重视，知名的行政管理学院也许早已发展起来了。但在美国，民众用怀疑甚至蔑视的眼光看待政府，因而公务员职位对有才能的学生或对教师来说永远不可能有像大多数欧洲国家公务员职位那样具有吸引力。

---

1 Letter from President A. Lawrence Lowell, quoted in Melvin T. Copeland, *And Mark an Era: The Story of the Harvard Business School* (Boston: Little, Brown, 1958), p.6.

第四章
高等教育的新发展

只有到"新政"的时候,政府才开始吸引有志参与处理大型社会问题的青年人。即使是当时,公务员的报酬和社会地位也相对比从事私人职业的人低,而且重大的工作、决策性的工作似乎总是由外人,主要是教师、律师和企业高管来做。一个对公众问题感兴趣、有才能的青年人在政府部门没什么可以期待的。从事法律和商业,不仅可以得到丰厚的物质报酬,而且有机会进入政府担任真正重要的、有实权的岗位。

报酬少和社会地位低不是这个领域中好的专业学院发展失败的仅有因素。英国、德国和其他欧洲国家,公务员是受到高度尊崇和令人垂涎的职业。然而,即使在这些国家(法国除外)中,也从未建立过重要的行政管理学院,它们依靠传统的文科教育或法律训练来培养政府官员。

行政管理学院缺失的第一个原因可能是知识层面的。教师们发现很难为行政管理专业设计出一套富有挑战性的课程体系,这个课程体系的主体应该是知识和技术,比起简单地收集关于政府机构如何起作用的信息,这些知识和技术日后将更加实用。行政管理学院缺失的第二个原因还在于这个"职业"的不定形。设计怎样的一套技能或核心知识能够适合政府这个大体系下极其复杂的各种工作呢?行政管理学院缺失的第三个原因是传统上人们认为公务员唯一的任务就是执行立法者和政府官员制定的政策。这个概念来源于民主和分权的思想，因为这个思想认为政策是由直接对人民负责的官员制定的。然而到1970年，或许早在那之前，人们清楚地认识到，职业的政府官员不仅执行政策，而且在政策制定中也起着重要作用。但只要这一点没有被大学承认，公共管理专业就不会对此表现出太多的兴趣，更不可能设计一套连贯的课程体系。人们可以把所熟悉的政府功能拼凑成一门学问，如用人事、预算、规划以及其他类似学科，或者用人类行为、组织学理论、社会心理及其他新兴的子学科创造一种混合体，但这并不能提供多少令人激动的东西把学生吸引到公共管理领域，也不能像法律教育或医学教育那样，提供一套分析方法或特殊技能把本专业毕业生和其他专业毕业生区别开来。

因此，随着"伟大社会纲领"接近尾声，似乎政府的规模和职权的扩大已超过了那些处理最重要的国家大事的行政人员的能力，这对在华盛顿获得第一手经验的教师们依然有影响。他们认为美国的专业教育有着明显的弱点，那就是缺乏足够的教学项目来训练有能力的人到政府机构任职。我们必须做一些事情来提供能够适应行政工作的挑战和重要性的高质量的培养模式。

随着这个问题越来越突出，解决这个问题的前景也在逐步改观。尽管有"水门"事件和越南战争造成的不满情绪，担任公职还是逐渐变得更具吸引力。政府部门行使的权力以及在解决重大社会问题中的参与度,对许多有崇高理想的、雄心勃勃的青年人很有吸引力。与此同时,行政人员工资的提高、行政机构的改革,逐渐使在政府任职的前景不那么暗淡。20世纪60年代开始流行一种看法,认为进步的政府进入全盛时期——不仅是联邦政府,州一级或市一级政府也是如此,有进取心的、有人脉的人能够尝试各种有意思的工作,跟随全国的改革进程参与改革"行动"。细心的观察者也开始注意到一种"进出自如"的结构出现了,有才能的人可以在一个他们认可的政府当政时担任决策岗位,然后当政府换届时,再回到大学、咨询公司、基金会、各种各样的智囊团去任职。随着这些选择越来越多,有才智、有雄心的人没有理由担心公务员的工作会使他们永远陷入某种枯燥无味的政府工作的泥沼中。

由于在政府任职变得更具吸引力,新的政策分析方法也开始产生。首先是第二次世界大战期间对早期军事行动的分析,然后是兰德公司及类似机构的项目。这些新技术随着麦克纳马拉的神童们一起进入国防部,最终扩散到华盛顿其他机构中。聪明的年轻人开始运用先进技术解决复杂的问题,这些技术包括线性规划、成本—收益分析和仿真方法。随着官员们开始在越来越多的政府事物中使用新的分析方法,可以被应用于更大范围公职的技术体系成为可能。这些技能的严密性和难度足以成为高级专业教育的核心。被这种可能性所吸引，几个大学的教师开始创办公共政策教学项目，帮助人们为担任政府部门的重要职务做好准备。几年时间内，十余个新的教育项目在哈佛大学、明尼苏达大学、伯克利大学、得克萨斯大学和杜克大学等建立起来。

这些新出现的变化的前景并不是在所有方面都很好。20世纪70年代初期，高等教育的繁荣期结束了。研究经费不再增加，通货膨胀率继续上升，股票市场的疲软导致捐款数量减少。人们谈论的都是财政紧缩，而不是大胆的新教育计划。此外，即使筹措到必要的资金，这项事业能否成功依然不明朗。有能力的学生愿意来吗？有才能的教师队伍能组建起来吗？用一系列分析技巧，再加上对建立更好的政府的关心，建立一个稳固的课程体系，是否可能？

考虑到这些不确定的因素，大学必须在几个可能的战略方案中仔细甄选。第一种策略是建立一个应用社会科学的教学项目，教师队伍由对政策十分感兴趣的经济学家、统计学家和政治学家组成。通过吸引一批传统学科并且恰好对政府问题十分感兴趣的教师，把如何组建一支有才能的教师队伍这个问题的难度降到最低。这个项目的另一个优点是几乎在任何预算条件下都可以开展，开始时作为政策研究所，条件允许时逐渐演化成一个成熟的公共服务学院。如果这个新项目不能吸引足够数量的学生或因其他原因失败，那么可以让教师回到原来任课的院系，这样，失败后的风险也进一步降低了。

然而，像许多平稳策略一样，应用社会科学（或政策研究）项目的前景也不容乐观，关键问题在于，经济学家、政治学家、统计学家应具备什么样的资历才能培养在政府供职的学生。社会学家的角色一般是分析各类活动和机构，弄明白它们是怎样起作用的，而不是提出解决政策问题的实际步骤。作为学者，他们一般对研究冷战如何开始感兴趣，而不是降低冷战紧张局势的方法；对犯罪的原因感兴趣，而不是控制犯罪的决策；对福利政策的结果感兴趣，而不是政策的改革。社会学家接受的学术训练是收集所有可用的资料，得出专业期刊认可的结论；他们常常对教授学生用有限的时间和信息找出最优的解决办法感到不自在；他们倾向于忽略政府中人性的弱点，对阻碍做出完全理性决策的政治限制和妥协感到不安。

因为有这些特点，所以围绕社会学家建立一个教学项目有着很大的风险。最坏的情况是，这样的学院会培养出适合于讨论政府问题而提不出实际解决办法的分析师；最好的情况是，培养出的学生能成为担任普通职位的政策分析家和顾问，而无法成为有权威和领导地位的高级行政官员。

第二种策略是将一个行政管理教学项目与一个商业管理教学

项目融合起来,创立一所各方面都适用的管理学院。表面上,这种办法看起来很有吸引力,将不稳定的新的教学项目与经实践证明了的很强的教学项目相融合。但是,这也有很大风险。管理一个政府机构与经营一个私人企业有很大的不同,公共机构的目标更复杂、更混乱;时间期限常常被迫近的选举和其他紧急的行政事务缩短;竞争机构和政府不同部门也引起了一大堆特殊的问题;大众传媒对政府机构的影响可能比对商业公司大得多。在公共事务中,制定政策和公共管理的过程都要求特殊技巧和不同的分析方式。

在一个综合的管理学院中,这些区别也许会被低估。因为商业课程开设的时间长、发展充分,企业比政府更能为学生提供更赚钱、更稳定的职业,商业管理筹集资金更容易,所以如果学院中的商业管理课程占主导地位,公共事务教学项目就可能会被压缩到只有一小部分教师授课,大部分学生会被商业课程吸引。由于商业管理课程的教学材料是现成的,公共管理课程有可能太依赖商学院的规则和范例,而没有足够重视政府机构不同于私人企业运营的特性。在这种情况下,可能永远不会有机会发展出很强的公共事务教学项目。

第三种策略是建立正式的公共政策和管理学院,目的很明确——培养能够胜任各级政府行政职责的学生。这样的学院不依附于其他学院，它可以用三组主干课程来培养学生。

第一组课程强调的是政策分析方法，训练学生分析一个政策问题，找出执行中的可行方法，评价每个方法的优缺点。教师们讲授从经济学、政治学、统计学以及有关定量分析领域中概括出来的最新分析方法，目的不是培养学生成为线性规划或系统分析专家，而是让他们学习这方面足够的知识，用于解决一般的复杂问题。还要教会学生成为这些技术的有识别能力的使用者，能够理解这些方法以及它们的用途，同时也要意识到它们的局限性。

第二组课程是培养学生执行政策、管理复杂的政府组织的能力。在传统公共管理课程中，这些课程需要传授给学生预算、机构性组织、人事管理和项目评估等基本方法。但是对政策执行的学习不只限于这些科目，还需要考虑如何评定一个机构的能力，分析其所处的政治环境，为其政策集聚支持。为了整合这些不同的技能，教师们会让学生学习精心挑选的实例，引导他们去评价政府机构、分析政府机构所处的环境，并且找出有效的策略去实现机构的目标。

第三组课程可能是最难实现的。它的目的是传授学生对人的价值观和道德准则的理解，这些价值观和道德准则可以指导日后的决策和管理过程。为了达到这个目的，教师可以使用从道德和政治哲学、历史、法律及宪法的精华部分提炼出来的材料。虽然很难实现，但这些课程的最终目标是灌输给学生人类价值观，公务员需要这些价值观维持、回报关切的民众的信任和信心。

按这些策略建立一个学院也有其自身的一些难题。如果没有依靠商学院提供的支持，这将是非常昂贵的，因为需要大量的设备和相当规模的教师队伍。至少开始的几年，这种学院会缺少合格的教师，因为大部分课程体系都是新的，又没有现成的、有意愿而且有能力的骨干教师队伍来教授这些必修课，这个问题无疑会带来一些风险。学院会因为找不到合适的教师而灰心丧气，一所学院很可能被迫把大部分的任命用在最容易找到合格教师的学科领域，如政策分析和经济学专业。在这种情况下，这所学院会逐渐把自己转变成一个应用政策研究机构，只能培养出顾问和规划型人才。还有一种可能，学院也许会雇用一些看起来可以填补必要职位空缺但实际上专业方向并不相同的教师，比如商学院教师教管理，社会学家教政策分析。如果这样，教师不可能把学生培养成胜任他们理应承担的各项任务的人才。

通过坚持不懈的努力和对客观形势的正确判断，学院可以克服上述困难，但其他困扰着学院的风险则无法克服。例如，至今仍然存在的由于公职职业的不稳定性而产生的问题。即将毕业的学生，可以立即找到给制定政策的官员做助手这样比较令人满意的工作。毕业后的几年内，甚至在他们职业生涯的前十年，这种工作机会都有很多，但是要掌权和升职时就充满了不确定性。对此，也许社会将来会产生足够有吸引力的私人部门的工作，如在智囊团、基金会、大学等部门，为有才能的人提供合适的工作来稀释进出政府可能带来的职业变化的风险。对不那么有冒险精神的人来说，公务员的工作，至少联邦政府一级的公务员，可能逐渐专业化得足以提供晋升和尽责的机会，但这些进展还没有完全得以实现。在这些进展实现以前，公共政策学院还不能指望录取很多有才能和有学习动力的学生，也不能指望能够吸引那些有足够能力的教师为如今公共部门面临的挑战做出很多贡献。

1970年至今，公共管理学院面临的另一个障碍是重大公共政策问题的不可预测性。不管承认与否，还没有人，不管他如何聪明、如何充分准备，也没有找到解决以下问题的可靠答案：如何大幅度减少犯罪，如何提高充分就业率的同时降低通货膨胀率，如何大幅提高全国儿童学习成绩，如何减少少女怀孕现象，如何消除长期失业以及其他我们指望政府解决的问题。

解决上述社会问题的困难之一在于，上述矛盾的根源在于存在着价值观的冲突。我们是否应该降低最低工资标准以期为更多的十几岁的少年提供工作机会？我们应当在多大程度上依靠人工流产来减少青少年不合法生育？理性的分析能厘清备选政策的后果，甚至还有可能找到避免价值观冲突的新途径。但通常冲突依然存在，教师教给学生的任何分析方法都无法解决。

困难之二是许多政策问题比过去复杂得多。"新边疆时代"的全盛时期，那种单纯的技术上或经济上的重大问题，在今天却很罕见。现如今大部分问题根植于动机、激励、价值观、文化等模糊的问题之中。在提高全国民众健康水平的问题上，劝说人们改变个人生活习惯与找到治愈疾病的方法同等重要。"向贫穷开战"和"向长期失业开战"不是简单地把钱从富人的手里拿来送给穷人，甚至也不是创造新的工作机会。它们要求人们理解这个国家剥夺财产的文化及其一系列令人迷惑不解的阻碍因素和抑制因素。向穷人提供住房似乎不再是简单的拨款建造公共住房的问题，20世纪60年代耗资巨大的工程为什么很快变成了不宜居住的贫民窟，这令人沮丧不解。提高公立学校的教育质量，要求更深刻地理解儿童如何学习以及为什么这么多儿童缺少学习动机，而不是简单地提高教师工资和增加新的设备。犯罪、生产力、武器谈判以及其他许多严重的问题都有很多类似的特点。

解决这些有关人的动机和行为的问题比构建一套社会安全制度或失业保险计划要困难得多，甚至比指导经济、建立国家健康保险体系或解决第二次世界大战后几十年来出现的大部分重大公共问题还要困难。因而公共政策学院需要承认一个现实：它们积攒的分析手段也许还不足以创立可行的教学项目来应对大多数重大社会问题。

这些学院不得不在长期困扰商学院教师的相同的基本困境前面妥协。管理专家对一个杰出的管理者应该具备哪些特质仍有分歧。如果连私人企业都难以回答这个问题,那么在公共机构所处的复杂政治环境里肯定更难回答。只要我们还不知道成功的领导的组成成分,就难以知道怎样才能更好地培养年轻人担任行政领导职务。

刚刚成立的公共政策学院面临着许多问题,说明大学里的革新不仅仅是眼光的问题,也不仅仅是劝说教师从他们的研究工作中挤出时间来思考学生培养的问题。创办这种学院需要大量资金,充满不确定性,存在很大的风险。建立公共政策学院的阻碍很大,以至于大多数大学没什么实质性进展,只有少数几所大学试图建立一个独立的公共政策学院。另外有几个大学采取了比较保险的办法:开办应用社会科学教学项目或创立一个综合的管理学院。

自从公共政策浪潮开始以来,超过 15 年的时间已然流逝。15 年的时间也还尚短,无法做出准确的评估;商学院和法学院的发展用了几十年,而公共政策领域还没有在全国形成有利的支持环境。即便还是初期,也许我们仍然能收集一些线索找到建立一个有效教学项目的办法。

至少到现在,那些采用有限的方法的人,不得不接受有限的成果。应用社会科学的教学项目依然存在，但其所设的课程很少超出政策问题的范畴。在某些情况下，其研究的范围实际上已经缩小，折射出其越来越受经济学家支配的现状。而综合的管理学院，正如人们所预料的，在各地发展都很顺利。商业教育开始主导着学院、课程和学生主体。通常，公共政策这一部分的教学工作局限于少部分教师和数量不断减少的学生。

对于那些独立的公共政策学院，我有信心写出来的只有我熟悉的哈佛大学肯尼迪政府学院，至少这所学院取得了一些积极的成就。在最近几届毕业生中，肯尼迪政府学院的学生的能力比哈佛大学历史悠久的著名的法学院、商学院和医学院的学生还强。然而，为了规避政府职业的不稳定性，招生人数依然被限制，而且将近三分之一的学生还参加了与其他学院的联合项目。为了弥补招生人数的不足，每年都会有数百名在职的官员前来参加一系列教学项目——为州政府和地方官员开设的，为资深公务员开设的，为国家安全人员开设的，等等。这些学生一般身居要职，而且他们的从政经历使他们足以挑战教师的权威。他们来学院学习，对课程的实用性是一个考验，同时有助于促使学院提供真正的职业训练。

课程的开设在很大程度上是基于实际经验中的实例和问题。由于某些重要学科，比如管理学和伦理学，还处于发展的早期阶段，因而教材经常不断变化。尽管如此，在职进修项目中的有经验的行政人员做出的积极回应在一定程度上反映了教学对行政官员解决他们在工作中遇到的问题是有一定价值的。

正如预期的那样，公共管理这样的新学科招聘有经验的教师很困难。幸运的是，尽管面临着职业前途的风险，但一些十分优秀的青年教师由于对公共政策的重大问题感兴趣，所以愿意来做助理教授。由于这些青年教师的成长，资深教授的招聘问题也就相对缓解一些，虽然这个问题还没有从根本上得到解决。

财政问题也不像开始时想象得那么可怕。多年来，潜在的捐赠者，特别是来自企业的捐赠者，似乎被长久以来的恐惧所占据：公务员的培训做得越好，就越会产生具有更大干涉主义野心、更足智多谋的官僚。然而，随着时间推移，这些观念已经改变，越来越多的人似乎意识到政府已经如此规模庞大、如此重要，以至于无能和缺乏训练的官员给每个人造成的损失比聪明、过度干预的官员造成的损失更大。

判断政策问题和公共管理知识空白和缺陷的影响更难，这其中涉及的问题毫无疑问很严重。给学生提供有深度的教育必然会遇到以下问题而难以知晓答案：如何解决价值冲突？在哪里能寻找到可接受的人性理论？如何构建有效管理的概略化？这些问题并非公共管理学院独有，所有的如商业、法律或教育这样的与人类组织和政策有关的学院都有。虽然困难重重，但是仍然有可能培养学生掌握系统的分析方法和实用技术，从而帮助学生更系统更有效地思考如何解决实际工作中遇到的大部分问题。而且，正是这些新学院的存在，有助于动员有能力的教师来使我们摆脱无知，认识政府和政府权力如何最佳运行。随着继续加强教学工作，这些课程会对公务员产生很有价值的影响，至少我们是这么希望的。因为政府的巨大重要性，几乎没有其他学术活动能比这更值得我们信任和支持。

第三节 计算机革命

近几年，全国各大报纸的文章和标题都预示了一项新技术的涌现，这项新技术将给教育实践带来与前面几章讨论的迥然不同的变化。各地教育机构纷纷宣布了强调计算机应用的教学项目。大学、图书馆、商学院、工程学院和医学院都加入了这股潮流，雄心勃勃，计划购买的硬件预计耗费上百万美元。热衷者按捺不住对计算机的影响进行预测。约翰·霍普金斯大学校长史蒂文·穆勒（Steven Muller）说："无论是否完全意识到，我们都已经处于一个新的、自八九个世纪以前巴黎大学和波隆那大学出现以来最剧烈变化的高等教育环境。"[1] 因为这些新机器在进行数学运算和信息处理方面速度快、准确性高,所以达特茅斯学院计算机服务中心前主任雷·内夫(Ray Neff)预测:"博士们25年前所做的研究将只能作为达特茅斯学生的学期作业。"[2] 弗雷德里克·基尔克(Frederick Kilgour)在描绘未来的电子图书馆时说:"我不觉得纸质图书会一直出现在大学课堂。"[3] 计算机教育的倡导者之一帕特里克·休普斯(Patrick Suppes)补充说:"我们可以预言,再过几年,几百万名学生将有机会获得像马其顿国王菲利普的儿子亚历山大才享有的皇家特权:得到像亚里士多德一样知识渊博、有问必答的导师的私人辅导。"[4] 在这种盲目乐观的情绪中,有时很难想清楚这种新技术在不久的将来会对大学教育产生怎样的影响。但实用的计算机应用的确存在,而且其中有

---

1 Steven Muller, "The Post-Gutenberg University," in *Colleges Enter the Information Society*, Current Issues in Higher Education, 1983—84, no.1 (Washington, D.C.: American Association for Higher Education, 1983—84), p.32.

2 Ray Neff, quoted in Charles Kenney, "Plugged In," *Boston Globe Magazine*, December 9, 1984, p.33.

3 Frederick G. Kilgour, quoted in Judith Axler Turner, "Electronic Library Planned for Researchers," *Chronicle of Higher Education*, November 14, 1984, p.16.

4 Patrick Suppes, "The Uses of Computers in Education," *Scientific American* 215 (September 1966):207.

些领域尤其有前景。

一、节省时间

　　计算机设计的用途主要是节省时间或解决令人厌烦的琐事。电子告示板免去了学生特意去校报上寻找通知或者去院系办公室看院系通知的麻烦，在线目录使学生不必跑去图书馆的阅览室，词汇处理功能免去了打草稿的麻烦，远程电视可使学生省去从家到学校的路程。

　　我们还不能断言计算机的功能是否能真正地改进教学，还是仅能为学生减少一些枯燥乏味的工作。这得看学生如何利用计算机给他们节省的时间。然而，在多数情况下，这毫无疑问对教育是有好处的。例如，在商学院，计算机可以帮助学生避免无聊的日常琐事，使学生有时间使用线性规划和其他复杂的分析方法来解决更复杂、更现实的问题，这些线性规划和分析方法在之前不可能被运用于学生作业中。在建筑学上，计算机生成的模型图可以减少完成草图所需要的时间和技巧，这样学生就可以尝试使用更多的方法来解决设计上的问题。在本科生写作课上，电脑词汇处理功能不仅可以避免重新打字的单调乏味，而且教师们能够要求学生对文章进行修改和重写，最后提交完美的作文。在所有这些情况下，以前用来做乏味的、重复性工作的时间现在能够用来思考更有趣、更重要的问题。

二、计算机辅助教学

计算机辅助教学通常与专门为改进学习而设计的软件一起出现,下面是该程序的一个简单例子:

计算机:谁是美国第一任总统?

1. 托马斯·杰佛逊

2. 乔治·华盛顿

3. 亚伯拉罕·林肯

学生:亚伯拉罕·林肯

计算机:对不起,回答错误。亚伯拉罕·林肯是美国内战时期 1861-1865 年的总统。第一任总统的任期是 1789-1797 年,他任职前是美国独立战争时期的大陆军总司令。你希望再试一次吗?

学生:乔治·华盛顿

计算机:正确。

当然,计算机辅助教学还有更加复杂的形式。例如,程序提出几个基本问题,根据回答的质量,自动切换到难度适合学生能力和理解水平的材料上。有些程序通过一步步引导学生回答问题直到学生发现错误,以应对错误回答。另外一些程序像游戏一样能激发学生的兴趣。例如,法语课老师使用类似扑克牌发牌的程序,向每个小组提问,回答正确的小组可以得分。

作为正式课堂的补充,这种练习有几个优点。学生必须思考,而不是只靠被动的阅读来吸收知识；他们想什么时候练习都可以，愿意练习多久就练习多久；他们可以按自己的进度进行，在掌握了前面的内容的基础上再学习新材料。经过精心编制的程序可以向学生提供所需要的全部帮助，还能向学生做出解释，并自动选择适合学生的难度。通过即刻录下每个答案是否正确，计算机可以让学生认识到他们需要在哪些地方进一步下功夫，同时可以提醒教师全班学生在掌握学习材料时遇到的各种问题。在所有这些方法中，计算机可以适应每个学生的特殊需要，并提供从传统教学中无法获悉的反馈信息。

尽管有这些优点，但计算机辅助教学也有较多局限性。学生必须回答电脑提出的特定问题，只能从屏幕上的几个答案中进行选择。这种形式不能刺激学生自己解释问题，不能探讨自己的假设或思考所学的材料。因为这个特点，计算机辅助教学主要用来帮助学生了解事实、基本步骤（比如在数学计算中的步骤）或者成套规则。对于大学来说，计算机主要被应用于学习语法规则、会计原理、解剖原理和其他基本知识体系。通过使用创造性的软件，计算机辅助教学有可能激发学生更积极地学习，比起通过常规教学方法，计算机辅助教学能使学生更透彻地掌握教材中的基本内容。

三、苏格拉底式的对话

教师们喜欢用计算机帮助学生发展高层次思维。理想的办法是，通过编程使计算机充当苏格拉底的角色，基本不回答学生的问题，而是不断在对话中提出新的问题挑战学生。但不幸的是，目前的技术还没有先进到可以进行这样的对话。一方面，计算机还不能预料学生回答复杂问题时可能给出的所有答案，所以无法提出进一步的问题进行回应。专家们还不能给计算机进行编程，使其理解无数种不同的普通对话，或者理解语言类推、暗喻和其他普通短语措辞。所以，只有通过使用多项选择或其他方法来限制允许的答案数，计算机才能进行对话。这就大大地限制了对话的进行，因为苏格拉底式的对话最大的益处是让学生思考他们自己的回答，而不是简单地从事先设定好的答案中进行选择。尽管如此，通过多项选择进行电脑会话比传统的计算机辅助教学更能鼓励学生进行更严密的思考。因为计算机不是简单地回答正确或错误，而是提出另一个问题迫使学生进行更深入的思考。同时，由于这种程序更复杂，所以也更难编制。因此，问题在于要找到既足够聪明又专注的教师，做出创造性的回答来应对在这种严格的机器对话中学生可能给出的所有答案。

四、专家系统

另一种高层次的教授推理方法是所谓的"专家系统"。其中一个最著名的例子是MYCIN系统，这个计算机程序可以诊断血液中的细菌感染以及提供准确的治疗方案，能与专家相媲美。这个程序的核心是数百条程序规则，主要形式是：如果X是真的，然后提出相应问题或采取相应行动。这些程序规则是通过长期征询公认的专家，弄清楚他们如何诊断和制订治疗方案之后制定的。医生可以用这个系统来核对自己的临床诊断是否正确。装备了MYCIN系统以后，计算机能够就病人情况进行提问，医生用合适的数据做出回答。计算机继续提问，直到能够得出结论，医生可以把这个结论和自己的判断进行比较。

将类似MYCIN这样的专家系统改编后用于教育，学生不仅能够观察"专家"如何着手解决问题，而且能够打断并让计算机解释推理的步骤以及得出某个结论或其提出某个问题的原因。学生通过这种方式可以更仔细地询问计算机这位富有经验的"导师"，而在现实中学生通常不可能如此详细地询问老师。

像所有的程序一样，专家系统也有缺点和局限：生产费用昂贵；不强迫学生自己解决问题，只是让学生提供数据，观察计算机如何回答。总之，这种程序只能解答一些所牵涉的、知识都充分组织了的问题，问题之间联系有限，推理和结论都容易得出。只有这样程序员才能编制一系列规则，学生运用这些规则来寻找信息，提出假设，最后得出结论。

五、模拟

专家系统中的一些局限可以被另一种计算机程序克服——模拟。例如,在医学院,可以编制一套程序来模拟病人,然后学生向计算机发问,命令计算机进行各种实验,获取诊断疾病所需要的信息。在这个程序里,计算机的作用跟我之前描述的在其他应用中的作用完全不同。计算机不提出问题或控制对话,它只是作为一个信息库,是学生探索和分析的现实模型,以便学生弄清楚问题、构想和验证假设,最后得到合理的解决办法。如果一个专家系统被附加到这个程序上,当学生遇到困难时,可以随时求助于计算机,计算机会告诉学生需要寻找什么信息,并按照已知的情况说明为什么需要这种信息。学生进一步做出指令,计算机就会给出有关问题的任何一方面的详细信息,帮助学生做出诊断。

使用录像带或计算机进行模拟还有许多其他用途,可以教法学系的学生采访证人,帮助商科学生学会诊断一家企业的营销问题并提出解决方案,甚至可以向研究生提供大量数据用于构建测试社会行为假设的研究设计。这些程序的优点在于它们能给学生提供自己找到问题、推理出解决办法的机会。

还有些程序能够模拟一些过于危险、价格昂贵、距离遥远、人不能直接到达的环境。例如,运用电脑绘图,物理专业的学生能够观察围绕地球旋转的月球轨道,想象月球质量和速度的变化,以便观察地球引力对月球轨道形状的影响；化学专业的学生能够通过电视屏幕进行模拟实验，对那些过于危险、不宜在实验室化合的物质进行化合；生物学专业的学生能够观察模拟加速的果蝇繁殖过程，并从结果中推演遗传规律；医学专业的学生能够观察循环系统的活动方式，弄明白去掉血液或切除控制血压的神经将如何影响整个系统的运行。所有这些例子都能使学生亲眼看见一些实际现象，化抽象为具体，使学生控制各种变量并观察其效果，这样学生能够更加完全地理解概念和过程，否则，学生将很难理解这些概念和过程。

以上描述的所有应用只是目前在快速变化领域中可行的一些简单例证。新的发现可以快速地创造新的可能性。如果能制造一种价格便宜的光学扫描装置，师生们就能在电视屏幕上看到其所在大学图书馆里的任何书籍，甚至可以看到图书馆里的任何书籍。如果设计出更好的程序编写系统，教师们可以花费更少的精力制作出更好的软件，电子化材料的数量和质量可能会大大提高。如果我们能更好地理解对话的艺术，教师就可能为电脑编制出程序，使学生和电脑进行更有趣的讨论。谁也不知道这些变化什么时候会发生，甚至是否会发生。但是可以肯定的是，今天谁也不能预知明天会出现什么样的新程序。

六、障碍与机会

尽管有这些吸引人的可能性,但我们必须记住,过去有几次技术被寄予很大希望,但最终都让支持者失望。托马斯·爱迪生(Thomas Edison)曾经预言留声机可以引起教学革命,几家著名的基金会和公司徒劳地耗费巨资试图把收音机以及电视大量引入课堂教学。每一个失败的例子都因巨大的花费引起教师的反对,没有产生热衷者所允诺的教学效果。

计算机的命运也一样吗?花费确实相当高昂,因此可能限制其被广泛使用。虽然计算机的价格令人吃惊地每年下降25%,但在可以预见的未来,生产软件和设备维护的巨大开支仍然使总费用保持在很高的水平上。计算机比收音机和电视机用途广泛得多,这也许会使教师担心计算机会取代他们的位置。然而这两个不利条件似乎都不足以阻挡计算机的发展轨迹。许多大学已经表示愿意花费大量资金引进计算机用于教学,计算机公司也准备在很多方面给予大学补助。计算机不会对教师构成严重的威胁,因为计算机显然是辅助教师,而不是淘汰教师。

第三个障碍更有趣——仍然有人怀疑计算机是否有助于学习。评价教育技术的领导人理查德·克拉克(Richard Clark)如是说:五十年的研究表明,在教学上使用不同媒介没有什么好处,不管它们表面上多么吸引人或宣传得多么优越……目前最有力的证明是媒介仅仅是传递教育的载体,媒介对学生的影响一点不比给我们运送食品的卡车对我们的营养引起的变化大。[1]

克拉克的意思是技术很少能给教学提供传统方式无法复制的独一无二的内涵。也就是说，大多数计算机辅助教学中包含的问题和答案也可以用编排得很巧妙的教材以一种更新奇的形式提供。帮助发展诊断技术的计算机模拟功能也可由教师代替，教师可扮演病人的角色来回答问题，直到学生能够做出准确的诊断。专家系统，例如MYCIN，也能够由人代替，办法是由一个学生跟踪观察一位专家如何解决困难问题。计算机提供的大部分绘图功能，可以通过巧妙地结合实体模型、录像带和幻灯片来实现，只是会稍微麻烦一些。因此，大体上这种新技术的独特之处似乎只是让学生利用计算机处理数据的速度和能力去解决某些更深层次、更复杂的问题。

如果上述关于计算机的作用都可以被代替，那么人们就会怀疑大学和其资助人在这些设备上花费几千万美元是否是失去了理智。但在下定论之前，还有其他因素需要考虑。首先，虽然计算机技术的大部分优点能够用常规方法来代替，但是没有计算机，这些优势很难实现。为了准备一节传统课程，教师可能需要花费200个小时，这与他们准备编制一小时计算机辅助教学所花费的时间一样，但实际上教师很少会这样做。医学院不可能为每个学生

---

[1] Richard E. Clark, "Reconsidering Research on Learning from Media," *Review of Educational Research* 53(1983):450,445.

指派有耐心的个人导师,指导其进行无止境的练习以完善自己的诊断技术;知名的专家也不可能随时有空来解释他们怎样一步步推理做出诊断的;在生师比为0∶1或30∶1的情况下,法学院教师不能像计算机一样单独指导学生,逐个检查他们理解基本学习材料的程度;做实验的时间有限,很难允许理科学生重复做复杂的实验,但学生却能在计算机上以模拟的形式重复实验。

总之,计算机技术带来的好处很有可能克服传统教学形式的一些主要缺点。目前,大学中大部分教学形式十分被动,过分依靠课堂教学,这种教学形式局限性很大。最近一份向国家科学院提出的报告中指出:"认知研究证实,学到的知识和技能,如果没有从概念上理解或没有被应用于实际问题,那么要么会被忘掉,要么当遇到与学习环境不同的、需要运用这些知识的情况时起不到作用。"[1]因此,大学需要改变教学方法鼓励学生养成批判性思维、清醒地看待问题、从数据中得出正确的推理和概括的习惯。因为计算机技术能提出问题挑战学生,允许学生重复练习找到答案,并能立即给出反馈信息,能够完美地提供满足学生以上需求的教

---

1 "Report of the Research Briefing Panel on Information Technology in Precollege Education," in Committee on Science, Engineering, and Public Policy, *Research Briefings 1984 for the Office of Science and Technology Policy, the National Science Foundation, and Selected Federal Departments and Agencies* (Washington, D.C.: National Academy Press, 1984), p.21.

育体验。

即使计算机技术不能改进学习的过程，学生仍然能从学习如何使用计算机中获益，至少能够了解计算机的用途和局限性，为以后的工作做准备。随着信息技术浪潮席卷医学界，医生将来不得不使用计算机查找所需资料，运用这些资料来帮助他们做出临床诊断；企业高管已经在进行决策时使用先进的计算机分析；律师也使用计算机进行调查，并且可能会越来越依靠专家系统来帮助他们进行某些专业判断。因此，越来越多的专业学院需要引进计算机，就算不是为了提高教学质量，也是为了让学生熟悉这种新技术，使学生对计算机的使用达到一定的熟练程度。

到现在为止，权衡收益和风险的天平似乎更倾向于这项新技术。还有一个因素使得天平倾斜得更厉害。正如本书在前几章所指出的，大学出人意料地很少去了解学生学习的方式，教职工也很少聚到一起讨论教育的过程，就算他们坐到一起也总是讨论学生应该阅读什么和学习什么，而不是讨论学生应该如何学习以及如何帮助学生学得更有效率。由于许多原因，校内外的调查研究者对使用计算机改善学习过程的实验表现出更大的兴趣。由于计算机功能强大，用途广泛，促进了认知心理学的发展，许多科学家把精力转向了研究人工智能及其在学习上的应用。因为其巨大的商业可能性，所以企业愿意对计算机的研制和发展进行大量投资，给予大学很有诱惑力的折扣，以促进大学使用计算机。教师们也对计算机的能力感到印象深刻,许多教师已经能够在他们的研究中熟练使用计算机,至少有些教师希望使用这种新技术来改善他们的教学。随着越来越多懂得如何使用计算机的学生进入大学,他们会希望教师在教学中使用这种新技术,这迫使教师们使用这项新技术,有些学生甚至会向教师展示如何使用计算机。

各方面对计算机不断增长的兴趣很可能是这种新技术给教育带来的最大好处。由于在课堂上使用计算机的人数增加,教师们一定会更加仔细地思考帮助学生吸收新知识和掌握新技能的最好途径。不密切关注如何呈现材料以便加强教学和保持学生兴趣的细节,就不可能生产出好的教学软件。传统教育没有这个特点,对大多数教师来说,讲课需要的是丰富的知识和大量的课堂管理,但很少会有意识地思考学生如何学习,许多研讨会和辅导班也是如此。相比之下,教育软件在设计过程中的每一步都注意对学生学习效果的影响,否则编制的程序就不会有效果。

这一关键的不同点可能导致了通常归功于计算机辅助教学的大部分学习速度和效率上的提高。事实上,实验表明,计算机不是学习效率提高的主要原因,而是因为准备这些程序时投入了更多时间和想法。然而,无论哪一种情况,学生都肯定能从中获益。

这些前景都很诱人,然而并不能保证会成功,或许永远都不能成功,因为需要花费很大的精力开发出优秀的教学应用软件,并且要学会使用这些应用软件。尽管进行了不少实验和宣传,但目前我们还是没有开发出足够优秀的软件。现在大部分程序都是成套的基本训练，类似于昂贵的电子辅助教材，而不是我提到的更富想象力的程序。考虑到编制一个小时的教学程序往往需要花费许多个小时，因此这样的效果并不值得惊奇。为了克服这个障碍，大学管理者不得不做更多的工作，而不仅仅是购置很多贵重设备，奢望教育革新会自然而然地出现。

至关重要的第一步是要说服一些最受尊敬的教授对新技术采取积极的态度，并给这些教授提供他们所需资金和技术帮助以开发创造性应用软件。就像其他人类参与的事业一样，挑选合适的人参与至关重要。总的来说，最专注于教学的教师考虑最多的是学生如何学习，但学术带头人更有可能在同事之中有着最高的威望。幸运的是，总有一些教授既是优秀的教师又是知名的学者，他们深深感到有责任把两方面工作都做好。真正的挑战是找到方法说服这些教授参与新技术的使用，而且给予他们适当的认可。

第二步是找到软件生产的规模经济。只是为了少部分学生而让教授花费 200 个小时开发一个小时的教学程序，既行不通，也不明智。学校领导需要主动到别的学校和机构去营销软件，扩大使用面，提高一流的程序带来的回报。同时，要有相应的配套服务确保教授们的精力集中在最具创造性的工作上，没有必要让他们浪费时间去做其他人也能做的工作。

第三步是院长和别的学术领导者需要积极地确保这些新的实

验能够得到仔细评估。尽管有各种各样的宣传，但关于计算机能在多大程度上提高批判性思维或者加速学习过程的断言还只是未被证实的假设。因此，每个新编写的程序都应该仔细检查，看其是否能真正帮助学生更有效率地学习，更好地推理，更透彻地理解新的学习材料。对于计算机技术，还有许多地方需要我们去了解。在什么情况下，计算机会比传统教学方式更能激发学生学习的动力？计算机辅助教学对一部分学生比对另一部分学生帮助更大吗？使用图解将抽象的现象直观化、具体化，能加深学生的理解吗？

教师和教育界领导者都应该有充足的理由评估新技术。因为使用计算机的费用高昂，管理者肯定想要找到某种办法来判定这笔花费是否值得。好奇心驱使一些教师调查使用计算机的效果。持怀疑态度的人可能想知道为什么教师对测定他们的教学效果比过去更感兴趣。一方面，计算机交互作用的性质将使教师们能够更容易地得知他们所做的许多电子实验成功与否的即时信息；另一方面，评估计算机教学的效果比调查研究传统教学方法风险更小。前者仅仅是评估机器的效果，后者则是评估教师自身的价值；前者的结果可能仅仅是撤销计算机的订货，后者的结果会惹来麻烦，不是让教师们怀疑自身的价值，就是强迫他们改变教学方法。只需要适当使用智慧和资金，有决心的管理层就可能成功地对这项新技术做出仔细评估，这将有助于每个人有区别地使用这项新技术。

因此从整体来看，不考虑那些夸大的宣传和媒体炒作，我们仍然能够积极地看待计算机技术。只要足够努力，大学应该可以使用这些设备使学生进入更加积极的思维和解决问题的过程，这将提升他们的学习效果。而且，计算机可能是加快人类认知新见解和帮助学生发展学习新方式的催化剂。教师们花费了那么多的时间评估和批评别的学术机构，但却很少努力探索改进自己教学计划的途径，这显然是一件很反常的事。如果计算机技术能够有助于鼓励教授进行改进教学的探索，那么计算机技术的出现就很值得欢迎。

本章所讨论的新发展绝不是微小的变化。这些新发展涉及重要的基本问题：招收哪类、多大年纪的学生？最需要学习的是什么？用什么方法来教？我们这里讨论的大部分新事物仍然处在早期发展阶段，仍然不稳定，仍然处于大学中心工作的外围，仍然缺乏在大学正规教学项目中被认可的地位。从这一点来看，当前的在职教育、公共政策教学项目以及计算机的使用等情况，与我们在主要的专业学院看到的情况有某些共同之处。许多动荡和实验从外部世界的变化中产生，但是还不清楚这些新改变能否成功地从外围进入大学的中心，获得能够使它们做出最大贡献并稳定持续下去的地位和资源。

第五章
变革的前景

在任职早期我就开始留意脑海中涌现的有关创造性的想法，我很快着手把大大小小我认为极好的想法积攒成一个清单，以此来提高哈佛大学的教育水平。我认定是时候明确本科教育目标并据此制定合适的课程了。我决定，公共政策新教学项目需要成为一所拥有自己教学楼和独立教师队伍的大型专业学院；大学中伦理学课程在本科课程阶段应该有更突出的地位，在专业学院也是。我构想了几个哈佛大学应该执行的有用计划：建立帮助研究生和初级教师提高教学水平的中心；建立一个包含从学生评估中采集到的信息目录，用来让教师了解学生和帮助本科生选课；对学生在大学四年生活中思想和态度的变化进行研究……以及现在依稀记得的其他想法。

两年之后，这些想法一个也没有扎下根来。诚然，没有人明确地拒绝它们，但也没有人拥护它们。我没有时间，或者在很多情况下只靠我自己的权威去有效地执行这些计划。

此时，我感到非常失望。我可以接受不同意见，哪怕直率的反对意见，但沉默之后的无动于衷似乎特别让我沮丧。通过寻找学术经典文献，我从比我更精通管理的人的书中寻求指引。偶然的机会，一本关于大学校长的书出现了，我很快一口气地读完了。先不管它的支撑图表和调查数据，作者的主要意思在下面一句话中清楚地表达出来："大学校长是一个不知道具体自己应该做什么、也没有多少信心可以做成任何要事的管理者。"[1]

显然，这段文字我应该在任职以前就读过，现在对我已毫无用处。我转而拜读一位著名的教育家——克拉克·克尔（Clark Kerr）的著作，他写过一本关于现代大学的极好的书。在这本书中，克尔也讨论了校长的角色，他以这样犀利的概括结束他的分析：他很少赢得明显的胜利，他必须避免最坏的情况，而不是抓住最好的机会；他必须在学校各个机构对他同样的厌恶中找到满足感；他必须接受成功会被沉默掩盖，而失败会臭名远扬的残酷现实。综合性大学的校长必须愿意使大学的各个机构松散地聚在一起，

---

[1] Michael D. Cohen and James G. March, *Leadership and Ambiguity: The American College President* (New York: McGraw-Hill, 1974), p.151.

并使整个大学在似乎与历史步伐不一致的情况下向前再迈进一步。[1]

我放下克尔的书,受够了高校管理方面的现实主义派。

在绝望中,我取来 F.M. 科福特(F.M.Cornford)向年轻学术界同仁们提出忠告的经典散文。虽然我知道科福特不会告诉我如何实现我的想法,但肯定能依靠他特有的智慧为我的困难辩护,把责任推到教职员的保守上面。打开此书,我在他独特的观察里找到许多慰藉,直到最后我读到下面一段话:"你认为(不是吗?)你只要讲得合理,人们就得听你的,并且要立即付诸行动。正是这种信念让你如此不愉快。"[2] 这段话戳到了我的痛处,我决定不再读下去。

几年后,思索着大学的现状,我突然意识到我早先的建议现在或多或少全部开始实现了。荣幸的是,我任命了那位使我第一次思考大学课程不当之处的同事为文理学院的院长。资金和坚持使我的几个想法得以实现。然而,通常的情况是,我的提议悄无声息地消失、被湮没,然后在几年之后,当有了新的支持者和新的动力时出乎意料地重现。

深思这样的结果,我很好奇:这些想法经历冬眠与苏醒的过

---

[1] Clark Kerr, *The Uses of the University* (Cambridge, Mass.: Harvard University Press, 1963), pp.40—41.

[2] F.M.Cornford, *Microcosmographia Academica: Being a Guide for the Young Academic Politician* (London: Bowes and Bowes, 1964), p.10.

程之后现在算是谁的？问这样的问题或许是不明智的。正如克尔曾经说过的："革新有时在没有明显的创始人时最成功。"[1] 然而，虽然新主意归功于谁无关紧要，但是试图了解实际进展如何仍有价值。否则，我们就不能指望有意地采取行动进行必要的改革。

大学里变革主题的产生来自不同观察者完全不同的反应。据欧文·克里斯托尔（Irving Kristol）所写（1968年）："大学一直是——可能除邮局以外——第二次世界大战结束以来最不具创造性（甚至是最不具适应性）的社会机构。"[2] 然而，就在克里斯托尔这样写的几周之前，雅克·巴尔赞（Jacques Barzun）同样严肃地宣称："自1945年以来，大学除了革新，什么也没做——承担着它们没有能力也没有办法完成的（项目），这就是为什么它们现在一团糟——无论是财务上还是精神上。"[3]

虽然这两个批评家的观点都不正确，但各自都很容易找到支持自己立场的依据。支持欧文·克里斯托尔的观点是教职工们有时确实会对几十年以来显而易见的问题完全无动于衷。医学院总是让新生无穷无尽地死记硬背那些很快就会被忘记的无用细节，

---

[1] Kerr, *The Uses of the University*, p.38.

[2] Irving Kristol, "A Different Way to Restructure the University," *New York Times Magazine*, December 8, 1968, p.50.

[3] Jacques Barzun, quoted in Fred M. Hechinger, "Barzun Decries 'Service' Universities," *New York Times*, October 25, 1968, p.50.

第五章
变革的前景

使学生厌烦；许多理科院系对通识教育的观念仍有误解，强迫无意成为科学家的学生选修为未来专家们设计的入门课程；全国各地的教师们墨守给学生论文和考试评分的传统，而没有给学生很多以评论为方式的反馈。支持雅克·巴尔赞的观点是无法否认大学常常进行着令人不安的发明。说到大胆的新发明创造，就不得不提各种奇特的实验教学形式，在游轮或者滑雪木屋中上课，没有评分甚至没有任何正规教学形式的"自由"大学，还有无数其他奇葩的创新多年来一直在教育刊物上屡见不鲜。

然而，像克里斯托尔和巴尔赞这种笼统概括远不能为现实情况给出一个充分的描述。他们轻蔑的论调对一些世界上最优秀的美国大学来说，看起来确实太苛刻了。他们对革新的否定与在过去一代所呈现的一连串新事物相矛盾：新建立的公共政策学院，计算机辅助教学，职业教育的发展，法学院的法律事务所，国际研究，等等。过于保守和过于激进在大学历史上都确实存在过，但大学也有着应对翻天覆地变化的能力。

第一节 进步的机会

大学的变革能力将在下一代的时间里受到考验，届时大学需要抓住一连串的机会。这个议题的一部分源于全国各地大学目前正在进行的局部的或者实验性的新事物，一部分是过去几代人遗留下来尚未解决的问题，还有一部分是刚开始讨论的将来可能付诸行动的一些问题。对这些问题进行回顾，将有助于加深对之前所述问题的认识，并将其与更大问题联系起来。

在解决上述问题时，美国研究型大学发现自己享有很大的权力和影响力。知识从来没有像现在这样对我们的社会来说显得如此核心，教育也从来没有显得如此重要。大学从来没有像现在这样不仅对美国的青年人，而且对全世界的青年学生、对各个年龄段的成年人显得如此有吸引力。大学从来没有像现在这样有机会使用现代化技术，通过媒介——盒式录像带、计算机程序和电视教育，就可以将知识传播给在工作或在家的观众。

在充分利用这些可能性的同时，大学必须对外界的变化与机会保持敏锐，这些变化与机会促使大学努力培养学生在将要进入的社会中承担令人满意、有效率和有贡献的角色。有无数这样影响学术课程的社会发展趋势和社会问题。全面讨论这些社会问题，并追溯它们对大学的影响需要再写一本书。这里所能做的是以最简单的语言来说明几个最重要的社会发展趋势是如何促进高等教育发展的。

第一种社会发展趋势是被巨大的研究投入和发展所推动的知识爆炸。亨利·亚当斯（Henry Adams）是最先认识到知识势必呈

第五章

变革的前景

指数增长的人之一。自从 1960 年 DNA 的结构被发现以来，新的更多的生物医学知识不断发展，这些知识比之前所有时代积累的知识还要多。

知识无限增长，即使专家也发现很难在自己的专业领域赶上知识的增长速度。对求知欲强的人来说，越来越关键的问题是能够从成堆的书籍和文章中选择出自己要读的书，以便了解专业的最新发展，排除疑难，理解要点，得出合理的观点。科学研究和学术工作越来越专业化和复杂化，使得越来越多的领域对外行来说无法涉足。面对这种情况，那些需要信息的人必须使用机械手段来收集和掌握资料，同时越来越依靠书评、行政总结和其选择的方法来选择阅读的材料或者提取关键信息，并把它们转化得更容易被理解。

第二种社会发展趋势是一系列艰难的全国性问题的持续存在。虽然有些问题已得到了解决，有一些变得没有那么严重，但总的负担并没有减轻，并且面临的问题比以前更多、更复杂。遗留的问题，比如贫穷、犯罪、失业和文盲，现在更加困难和棘手，之前的办法都已经失败了，我们已经意识到这些问题在很大程度上被卷入了只被模糊理解的动机、目标和文化价值的漩涡中。与此同时，更多问题出现了，要么是诸如老年人或环保主义者这样的新团体已经组织起来表达他们的诉求；要么是因为新的知识揭露了之前被忽略的危险；要么是因为我们把诸如农业生产和医疗保健这样的重要部门从市场经济不受人感情色彩影响的运转方式转变为政府决策者的有意识控制。

自第二次世界大战以来，美国获得的积极的国际角色导致一系列问题被叠加到国内问题上。由于美国与世界上其他地区的交往日益增加，纯粹的国内问题越来越少。一个具有相当规模的公司很少会不考虑国外市场或国外竞争的威胁。污染、疾病、人口、毒品等许多问题都超越了国界。外国的兴衰变化以及发展经济的斗争影响着美国的安全、经济繁荣和日常生活，正如美国的政策也影响其他国家一样。墨西哥人口过剩、巴西紧缩财政计划、国外石油部长会议，这些对向美国移民、银行系统的稳定、国内通货膨胀率都有重要影响。除了这些直接问题，还有核武器的终极问题把美国和全世界人民联系了起来。

第三种社会发展趋势是对传统价值观的更加怀疑以及对现有机构和它们领导者的信心衰退。这种趋势不纯粹是坏事。这种趋势使生活方式更加丰富，使公众开始重新考虑令人厌烦的教条，还使公众对被告知的事物更审慎地接受。然而不可否认的是，这种趋势在一定程度上失去了一致性，削弱了曾经有助于黏合早期社会以及协调个体与群体要求的共同信仰和相互信任的纽带。当代文化挑战了强调努力工作、成功、节俭和经济增长的传统价值

第五章

变革的前景

体系，教会、学校和传统社区似乎不再能够传播公众曾经认为理所当然的价值观念了，对负担过重的政体感到越来越沮丧导致公民精神衰退和政治冷漠增长。在这种传统结构解体之中，正如丹尼尔·贝尔（Daniel Bell）所观察到的："现代化的真正问题是信仰问题。"[1]

这三种社会发展趋势，每种都对大学提出了挑战。大量快速增长的信息和知识的积累对各级教育都有影响。在大学，最明显需要转变的是教学的重点，停止传授固定知识，转而培养学生不断获取知识和理解知识的能力。在教学内容方面，这个转变意味着更加强调学习获取知识和演讲的基本方法，强调掌握基本语言——无论是外语或计算机语言和定量推理——有助于提供获取知识体系途径。在教学方法方面，培养持续学习的能力意味着朝更积极的教学形式转变。尽管课程在不断变化，但多数大学的教学仍然依靠大型讲座课程和广泛的课外阅读作业，这种方法留给学生独立思考的空间很小。通常的结果是教育过程无法刺激学生很好地发展推理能力。这不是一个令人高兴的结果，因为在现在的社会，学生可以预料的是在他们的工作中会遇到对他们智力的严峻考验。因此，是时候认真考虑成倍地给学生提供机会以让他们

---

[1] Daniel Bell, *The Cultural Contradictions of Capitalism* (New York: Basic Books, 1976), p.28.

在悉心的指导下仔细推论具有挑战性的问题。这种努力可能将会需要对促进积极的课堂讨论更多的强调、培训教师用苏格拉底式教学法的更好的项目以及更努力地创造更加能够引发思考的写作作业和考试。

上述强调的改革在许多专业学院早已进行，但另外一些专业学院的改革过程还远远没有结束。特别是医学院，在很大程度上仍然依靠被动的授课方式和大量死记硬背。不过专家小组最近已签发报告，要求对这个问题加以注意，改革到来的时间不会太远。另外，医学院以及其他专业学院，必须用技术装备它们的学生，以便成功应对实践中获得的大量信息。哈佛大学医学院的实验课程非常强调教授学生掌握计算机的使用方法和学习有助于学生分析复杂诊断问题的定量方法，这是这个时代的标志。将来，因为新技术能提供贮存、分类和处理数据的能力，甚至可以对某些重复出现的问题给出解决办法，所以专业人员必须熟练掌握新技术。

在研究生教育层次上，专业人员使用的知识迅速增长变化对刺激职业中期教育的发展起了很大作用。在一个又一个专业领域内，从业者认识到不更新知识储备就无法继续工作下去。正如我们所发现的，这些需要已经达到了这样的程度：学院必须重新考虑传统做法，询问如何最好地分配教育资源以满足每个人的终身需要。这样的重新审视势必要求更加努力地把继续教育整合到大学的正规教学工作中去，承认继续教育应受到大学的重视并且有权使用大学的设备和资源。各年龄段教育重要性的加深，以及成人与教师和学生分享的经验使得这项工作更有价值。

鉴于知识的巨大积累，大学考虑使用新技术和更多常规方法努力把教育扩大到校园之外。我注意到信息过量增长已给即使最认真的学习者带来了困难：读什么，相信谁，如何在迷茫中理出头绪？大学可以提供很多帮助。在专业领域，大学能够使用新技术使从业者可以评估自己的需要，然后通过个别教学计划和自学的形式给这些在家里或在工作岗位上的人授课。除了工作以外，还有很多机会可以帮助人们以要么对他们的个人生活有意义，要么对他们的公民责任有意义的方式进行自我教育。例如，在许多复杂的问题上，大学能够用它的专门知识帮助公众走出信息和争论的险恶丛林。这种交流对有些问题很有价值，比如健康问题，这类问题对公众十分重要，但其中许多问题尚未被清楚证明的证据需要被一个可被信赖的机构进行解释和评估。对待诸如武器控制、核武器或者初等和中等教育这些更加有争议的问题，有更多的疑问，但是仍值得考虑。在所有这些情况中，目的不是试图告知公众思考什么，而是通过使他们了解哪些是已知事实、哪些还有疑问、明确界定问题和任何一方的观点帮助他们自己更有效地思考。

长期存在的主要国内问题给大学带来了截然不同的挑战。如果我们真的希望解决这些问题，就需要大量能干的、有献身精神的公民来关心和积极面对这些挑战，这将会对高等教育的每个部分都产生影响。在本科教育层面，博雅教育课程已经为学生提供了足够的广度，帮助他们对重大的社会问题进行严肃思考。政治哲学、经济分析、历史、社会学和政治科学都提供了探讨这些重大问题的观点和方法，没有必要再补充专门有关低收入群体住房、福利计划或其他国内问题的课程。这种教学内容可能很快就变得陈旧过时，因此不能作为长期有用的基础知识来传授。更重要的是找到方法向本科生灌输责任感和公民意识，使他们在以后的生活中把他们的才干用于解决重要社会问题上。

对这点有疑问的人需要看看记录新生入学时的观点和愿望的年度报告。在过去 15 年中，增加最多的想法是挣大钱、获得权力和得到认可；减少最多的想法是改进种族关系、帮助自己的社区和清理环境。这种倾向令人不安，也向大学提出了挑战，要求大学想办法使更多的本科生参与到严肃的社会服务项目中。幸运的是，许多做出努力的大学发现学生们出乎意料地热情参与。例如在哈佛大学，超过 50% 的本科生在校期间拿出一定时间辅导弱势儿童，在为无家可归者服务的中心做义工，探访老年人住户，或为其他某种社区机构工作。这些本科生精力旺盛，才智也很出色。

有一名学生在第三世界国家建立了一个帮助农村发展的规划网站;有两名学生为无家可归者建立了一个收容所,然后又说服州长捐赠了一幢楼,他们把这幢楼用作临时住房以帮助无家可归者恢复正常生活;还有一些学生组织了一批批本科生每年夏季骑自行车横贯美国,沿途向当地居民宣传世界饥荒并募集了几十万美元。至少,仔细管理的社区服务项目能够帮助有需要的人,同时有助于本科生理解那些生活环境和自己极不相同的人的情感和问题。最好的情况是,参与的学生将从他们的经验中得到一个帮助其他人的明智的承诺,并把这个承诺带到成年,引导他们做出之前没有做出的贡献。

专业学院面对的挑战是拓展它们的使命,使它们的毕业生能够扮演更多的社会角色。教师不仅要培养学生成为有能力的、成功的从业者,还应该更努力地培养超越实践、不断努力提升职业标准和改进职业系统的人才。的确,这样的人才还需要品质和气质,这就不是教育的范畴了。尽管如此,教师在开阔学生视野方面可以做的事情还有很多,例如,鼓励学生研究所学专业的历史和结构,探寻所学专业当前在满足社会各阶层合理需求时遇到的问题和不足。到目前为止,虽然差不多所有的专业学院都开设了这类课程,但它们的声望和重要程度还不足以满足学生实践的需要。教师们也很少把这些科目作为他们主要的研究领域,他们开设的课程只能吸引一小部分学生。在这类课程的课堂上时常弥漫着尴尬的气氛，似乎是为开设了这样一门要求低、不实际、脱离实践的课程而道歉。只要这种情况继续下去，许多著名学院声称的要培养职业"领袖"的言论听起来就会有一种令人难受的自命不凡的意味。

除了这些努力，对社会问题敏感的大学应该成功克服长期未能为试图在政府和公共服务机构寻求职业的学生开设有效课程的问题。正如我们所看到的，现在教学存在着一系列问题：政策分析的知识与公共管理之间存在着很大的鸿沟；很多课程必须重新设计；缺乏有能力的教师；相关费用通常很高。尽管如此，该项目也取得了不小进展，说明大学能够开设把有才能的学生吸引到政府机构的教学项目，并且给学生提供对他们日后职业发展真正有价值的教育。当国家的问题对人民福祉如此重要却难以解决时，我们再也不能让为公职人员开设的教学项目远远落后于那些培养大部分私人职业的项目。

大量国际问题的重要性不断提升，为高等教育提供了进一步发展的机会。在福特基金会和其他捐赠者的帮助下，国际化过程已经取得了巨大进展。现在需要的是各方面继续努力，为克服长期以来本科生狭小的视野和语言单一的倾向，大学不仅要坚持开设有关其他文化的课程，而且要寻找多种途径鼓励更多的学生到

第五章
变革的前景

国外学习或工作一段时间。同时，大学应该继续从其他国家招收更多的学生，并且帮助他们完全融入校园生活中。至少在下一代，美国顶尖大学还是特别有能力从全世界吸引杰出的申请者就读的。学校领导者和政府官员都没有完全理解这样做会为进一步促进国际相互了解、帮助不发达国家，同时对丰富美国学生的教育内容将会创造多么好的机会。为了充分利用这些可能性，大学需要找到足够的办法和资源，招收那些缺少经费或没有办法来美国却非常有天资的外国学生。

因为要回应对国际问题日益感兴趣的学生，学院将不可避免地希望强化它们的国际课程。这种趋势将快速凸显培养更多精通各种国际问题的教师和学者的重要性。过去20年，专门研究世界不同地区或全球问题，如经济发展、国际安全、外贸和国际法的一流教师的数量严重减少，解决和克服教师流失问题才能使大学在更加国际化方面取得更大进展。

对传统价值观念的质疑以及许多不同信仰和生活方式的出现，向大学提出了一系列完全不同的挑战。一方面，如果大学还想保持多元化的传统，容纳大量不同的价值观念和信仰，那么鼓励本科生尊重不同的看法和对立的观点就至关重要。可喜的是，美国大学在这方面已经做得很好。本科教育最显著的效果之一就是提高学生的包容能力和减少学生的教条主义。随着大学寻求招生多样化，强调把多样性作为整个教育过程的必要部分，在未来这种趋势可能会更明显。

另一方面，如果大学只强调学生的包容性，就可能只培养出学生的道德相对主义，这种道德相对主义把道德问题看成个人偏向，不受理性争论或智力研究的影响。这种态度会进一步削弱社会所必要的道德约束力和人与人之间的纽带关系。

这样就需要更努力追求共同价值观和探索它们的当代意义。现在的挑战是要继续这种努力，并寻求新的综合体、新观念，以使连贯性和多样性达到更健康的平衡。这种努力在这样一个时代的前景堪忧，因为许多学者似乎都专注于狭隘的专门化和深奥的理论，这些理论与人类价值相去甚远，同时人文学科研究一直被许多难题所占据。人文学科是否能在周围文化环境对它不利的时期保持传统地位，是个值得探讨的问题。斥责人文学者在一件可能超出所有人能力范围的事上没有成功是可笑的，我们只能合理地请求他们去尝试。

在如此严峻的情况下，鼓励每个有发展前景的项目是重要的，无论多么微小，都能够加强共同纽带和确定共同价值。甚至鼓励学生参与社会服务项目也是有益的机会，因为很少有本科生的活动可以如此成功地团结真正广泛的学生群体，去努力帮助和理解背景完全不同的人们。

第五章
变革的前景

扎根人文学科，努力在本科和专业学院课程体系中开设道德推理和道德困境分析课程是一个有发展希望的项目。如果教学方法正确，就能避免纯粹灌输，同时能够说明道德问题易受严密思维的影响。这样做，学生可以认识到他们共同的基本价值观念比他们原本以为得更多，许多看上去在道德问题上的不同意见不仅是个人偏见的冲突，更是未加认真思考的草率争论，这些草率争论可以重新被考虑并且搁置一边。通过这种方式，道德课程也许不仅能提高学生的道德意识，而且能帮助学生对许多问题达成更广泛的共识。

此外，教师们无法通过课堂讨论使学生具有把道德思想付诸实践的品质和意愿。但即使最善良的人也可能不知道该如何回应，甚至不能意识到道德问题的存在，因为他们没有机会学习反复出现的道德困境、日积月累地思考这些重要的问题。如果没有机会考虑他们的工作对他人的福祉和利益的影响，作为专业人员也不太可能找到他们工作中的意义。因此，这种新的道德课程很有前景，大学不应该只把它们作为边缘的选修课，而应作为健全的教育的基本成分，值得全校大部分学生去学习。

在道德的教学之外，出现了有趣的可能性来强化专业学院教授人际关系技巧的努力。正如我在前面一个章节所指出的：过去的 15 年教师们在这些方面进行了许多尝试，这些尝试应该得到比他们现在得到的更大的支持。教授医生诊查病人，训练律师进行谈判，教授商人激发其雇员和同事的积极性等课程，都不应该让选修课的临时教师来教。以上这些技能十分重要，应该尽一切努力完善这样的教学，并把它们扩大到全体学生。然而，如果要这样做，专业学院在开设这些课时就不能把这些课仅仅作为为实际职业提供工具的手段。正如道德教育可能退化成灌输，谈判和咨询教学也可能变成学习操作他人的一种方法。这样的教学不仅有害，而且具有误导性，也很肤浅。例如，认为要谈判顺利就要找到聪明的方法，而利用别人的想法是幼稚的，会弄巧成拙。处理人际关系，最好要了解他人的感受和需求，寻求互利和互相满意的基础。因此，这样的课程不仅提供了培养学生实践的机会，而且鼓励他们于细微处重建社会感、信任感、可靠感，而这些情感在现代社会似乎明显地消退了。

制订教学规划时，大学必须避免只专注于增开课程和重组教学计划的诱惑。这样做只会强化教师所教和忽略学生如何学的普遍趋势，如此忽略何其不幸。虽然我们谈到的新课程和教学计划都很重要，但它们只会占整个课程的很小一部分。还有其他机会来提高学生学习的质量，这些机会可以使大学各级别的所有学术课程受益。

尤为重要的是创造一个奖励和鼓励更好教学的环境。建立这样一个环境不是一个戏剧性的举措,它需要像对待科研的高度认可和卓越声誉那样为教学提供各种激励和奖赏。第一个激励是在决定任命和职称的晋升中,除了科研之外,要关注教师的教学质量。第二个激励是鼓励学生对课程进行认真、系统地评估,这将有助于教师发现他们的教学和课程材料需要改进的领域。第三个激励是给希望把课教得更好、尝试新的教学方法的教师提供补助。这种支持对鼓励教师运用计算机新技术将特别重要,能帮助学生更有效地学习。第四个激励是帮助年轻教师和研究生发展教学技能。这种帮助可通过书面材料、学术研讨会或研讨班来进行,或者更好的方法是通过录像带,讲课的教师可以看到自己讲课的情形,然后与有经验的批评家讨论他们的课堂表现。这四种激励办法与其他类似方法一起,可以让教育质量受到更大的关注,同时能对那些希望提高教学水平的教师提供一些帮助。

强化学习环境不仅是鼓励教师个体,还需要鼓励教师们进行协作。我在讨论本科教育状况时曾经提到一些基本步骤:制定并协调每个教学计划的目标,向学生解释这些目标,考虑如何调整课程和考试以实现共同目标,仔细评估并告知学生的学习进度。除了这些措施以外,还有更困难、更具有挑战性的问题,比如如何培养学生的批判性思维或培养创造力和想象力等。

强化学习环境的另一个重要步骤是帮助那些还没有发挥出自

己能力的学生，每所大学都有许多需要这种帮助的学生。他们进入最具选拔度的大学就像进入开放招生的项目中，这样的学生在本科学院和专业研究院都存在。

大学能够用很多方式帮助这样的学生，教他们更快的阅读，教他们更有效的学习，或者如果他们有心理障碍就为他们找心理顾问。然而，好的办法不仅能帮助挣扎的学生调整，还能帮助教师了解学生的普遍问题，以便对学术活动本身进行改进。温和的刺激也许可以提醒大学，它们往往没有照顾到不同学生在学校中的不同需要。例如，大学不是试图通过调整为完成学业而提供的时间和教学来使每个学生达到合理的成绩水平，而是倾向于给每个学生相同的时间和关注，给落后的学生评低分。这种做法是对人才的极大浪费。正如最近的一份研究指出："很明显，很大一部分学习慢的人能够取得和学习快的人一样的成绩。当学得慢的人确实和学得快的人达到同样的水平时，他们同样能够学习复杂和抽象的理论，他们能把这些理论应用于新问题，尽管他们在学习上比别人花的时间多，需要的帮助比别人多，但他们能够与学得快的人一样好地记住这些理论。"[1] 显然，需要做许多工作来确定如何最好地帮助学生，提供学生所有需要的帮助是否可行。大学，

---

1 Benjamin S. Bloom, George F. Madaus, and J. Thomas Hastings, *Evaluation to Improve Learning* (New York: McGraw-Hill, 1981), p.60.

尤其是研究生院和专业学院，往往根本不做这些努力。

偶然情况除外，改进学习的措施不能进行得太快，除非大学找到了某种方法能确定哪些举措会成功。如果教师们无法了解将会产生什么样的教育收益，他们就不大可能用新的教学方法或采用别人的创新成果进行尝试。因此，大学需要不断努力考察教和学的过程，并且评估这个过程对学生的作用。院长和其他学术领导者应该帮助组织这种研究，并且在他们可控范围内指导教师和管理人员对有关教学法、技术使用、考试形式、班级规模等问题进行研究。因为这些问题常常很难找到答案，研究工作并不总是能立即产生效果。然而，即使如此，可以进行的研究会使教育者所做的很多具体决策趋于明朗化。假以时日，持续的研究工作会使更多人受益。

第二节 教育改革的过程

上面谈到的议程是长期的，没有大学能指望立即在每个方面都取得进展。我们是否能期望大学在未来 10 年至少满足其中一些需求这一要求是合理的。改革的过程会如何进展？可能遇到什么障碍？

大学是庞大、权力分散、非正式的组织，对教学和研究的行政层级权威很小。这些特征有利于创新，使大量教师能够容易地进行尝试，以寻求更好的教育学生的方法。糟糕的是，正是这些有助于实验的因素使成功举措更加难以在整个大学或大学之间推广开来。由于学校领导无权坚持要求院系采纳新技术、新科目或新课程，所以即使最有希望的改革办法也可能不了了之，除非有某些有效因素促进其广泛推广。

当然，有前景的教学改革实验可能仅仅因为提高教学质量的愿望而得到推广。教师和管理者很注意兄弟院校教学计划和改革措施的信息。他们常常学习其他学校的经验，特别是那些能够处理各校共性问题或吸引新的生源方面的成功经验。

本章开头所列举的许多改革提议中，有些可能通过互相模仿得到推广。如果大学因为没有成功地采用计算机技术，而使其师生感到他们的大学落伍时，计算机的使用就有可能增加。如果公共服务专业学院办得成功，捐款人就会表现出兴趣，教师也会对公共服务相关教学项目产生兴趣，那么其他大学也将会增设公共服务专业学院。为有所建树的职业人员开设的管理课程一定会继续增加，只要他们的选民认为他们应该参加继续教育，而且通常也会支付相关费用。

一、竞争的作用

尽管有这么多的可能性，但在研究型大学繁忙的氛围中，革新和提升的愿望往往不够强烈，不足以克服惰性，并确保坚定地、

第五章
变革的前景

系统地努力提高教学质量。在其他行业中，竞争往往是推动个人和组织机构克服这种消极因素、不断努力提高的机制。只有达到顾客、仲裁人或其他委托人用某种合理的方式定义的成功，确定一个标准，并对达到标准的人进行奖励，竞争才有效。而在教育领域，至少在大学层面，缺乏这种努力。学生和其他有兴趣在大学学习的人都说不出他们的教育多有效，也无法与其他大学相比教育质量如何。

原因之一在于对所追求的目标不明确。大部分教师和学生能大概说出大学或专业学院教育的主要目标，但当要详细解释什么技能、什么知识体系或思想方法重要的时候，他们的意见就不一致了。结果，学生总是无法对在不同大学所能学到的知识进行比较。

比起混乱的目标，更重要的问题是查明大学在多大程度上能成功地帮助学生达成这些目标。在这个问题上，我们一无所知。没有大学尝试测定学生所学知识量，更不用说与竞争学校进行比较了。结果，申请入学的人几乎没有什么信息可以帮助他们判断进哪所大学能学到得最多。

由于缺乏这方面的信息，学生在选择大学或专业学院时就只能考虑诸多其他因素。地理位置显然是考虑的有力因素，很大比例在离家50英里（约80.47千米）范围内上大学的青年人是根据这点来权衡的。有些学生选择一所大学是因为这所大学开设了一个他特别感兴趣的专业，或者是因为它的宗教色彩，或者是因为有好友或亲属在这所大学就读。对学术感兴趣或想将来从事专业工作的学生来说，其他的学术标准通常具有决定性。一般来讲，这种学生会寻找最符合他们学术兴趣并对以后职业生涯有帮助的大学。这些考虑使他们特别注意学校的声望，这种声望是由教师的学术声誉、学生的质量、毕业生找到好工作的成功率、被公认的顶尖专业学院录取的成功率这些成分混合而成的一种模糊的概念。

这样看来，在选择大学或专业学院时，学校的声望不是一个微不足道的依据。因学术研究而备受尊敬的教师通常会比没有出版过多少著作的教师的教学内容更丰富。由于学生往往会互相学习，所以学生的质量也是重要的考虑因素。问题不在于学生做选择时不理性、随意，而是因为学生根据学校过去的声望来做选择，这对大学或专业学院没有产生多大压力，不能促使它们采取具体的措施来提升教育质量。相反，教师队伍很有名望、录取学生很严格的大学反而能够不断吸引优秀的学生，就算这所大学名不副实。

学生对教育质量还是有一些影响的，尽管影响有限。在比较有声望的大学里，申请者可能强烈倾向于某些大学的办学方针和做法。由于学生成群涌进采取这样办学方针的大学，他们可以给

第五章
变革的前景

其他大学造成压力迫使其效仿。例如，20 世纪 60 年代男女同校的风气逐渐迫使所有的常青藤大学向女性开放。甚至在一所学院或专业学院中，院系和教师个人也会经常感到很大压力，不得不开设有足够吸引力的课程以维持入学人数不下降。

这样产生的压力只能把教学质量改进到这种程度：学生可以辨别出较好的教育，在选择学校时，向这些学校申请。但在这一点上，证据并不充分。学生当然能认识到明显的不足和疏忽，因此，大学不会冒着生源流失的风险允许这些情况的存在。但还没有令人信服的证据表明学生有能力在有关细节问题上做出合适的选择。本科生是否会因为喜爱某些课的授课教师或喜欢某些课的教学方法而取得更好的考试成绩，调查结果并不一致，一些调查报告甚至出现了相反的结果。以往的经验不能提供依据来假设在目前教学状态比较合适的条件下学生还会推动教育的改进。当教师摒弃熟悉的教学方法而尝试新的方法时，特别是当这样做反而增加了学生的负担时，学生往往相当保守。总而言之，学生"用脚投票"似乎太随意了，不能为提高教与学的有效性带来持续压力。

另一个有助于改进教学质量的力量来自雇主。雇主原则上更倾向于那些所学课程与他们认为从事高效工作所必须知道的东西密切相符的求职者。雇主通过雇用大学毕业生对学院和专业学院施加压力。例如，法律公司可能喜欢那些不仅特别努力教授法律推理过程，而且教授谈判、诉讼和访谈证人等实际技能的法学院的毕业生。如果有足够多的公司都遵循这样的招聘方针，学生就会涌向那些受青睐的法学院，其他大学的法学院很快也会相应地调整课程。但法律公司或其他雇主却不是这么做的，他们倾向于寻找有天资的学生，而不特别考虑学生所学的课程或学到的技能。

尽管在吸引学生方面竞争激烈，但对教育质量的竞争效果比商业和其他行业都弱，而且更带有偶然性。从积极的一面来看，大学之间的竞争似乎鼓励教学方法的革新、为学生提供更好的教学服务和更好的教学设备，鼓励多样化，以满足潜在申请者的不同兴趣爱好和才能。竞争对课程的影响不太明确，这不是因为大学不能满足学生的愿望，而是因为教育家怀疑学生是否有能力知道他们真正需要什么样的教育。而且，因为无论任何人想要了解大学在帮助学生提升学习方面的效果都很困难，所以竞争无法淘汰质量差的大学。正如我上面指出的，竞争对鼓励教师和管理者不断提高教育质量并不起多大作用。

在研究型大学，竞争效果可能被大学之间竞争的另一个方面进一步削弱。每个人都会承认，竞争的压力和效果在学术研究、建立院系的名誉方面比在教学方面明显得多（很大程度是因为研究成果更加可靠、更加频繁地被评定和比较）。结果是教师们把精力都放在其在职业上最能得到同行认可、最能获得奖励的研究

第五章 变革的前景

工作上。当然，教学和学术并不构成"零和博弈"。鼓励研究和提高教师的学术声誉，可以让教师将更多的想法和知识传授给学生，从而提高教学质量。但毫无疑问，竞争使学院难以进行长期、系统的努力去改进教学，达到本章前面所谈到的教育改革的效果。

二、外部压力

竞争并不是从外部施加影响引起广泛的教育改革的唯一手段。正如我们所发现的，其他外部力量也能够对教学大纲产生重要的影响。计算机的发展提供了一个例证，许多职业对继续教育不断增长的需求又是另一个例证。

还有很多通过来自外部压力提高教育质量的例子。例如，私人评估机构派出团队定期考察大学。虽然它们的主要任务是要求学校达到最低的标准，但它们要求所有大学在到访之前先进行自我评估，这有助于大学把精力集中在改革项目上。它们也会对那些显然没有评估不合格风险的大学提出改革建议。虽然这些措施是有益的，但这种检查几年才进行一次，无法保证那些对评估有把握的学院会进行仔细地自我检查。因此，总的来说，质量评估对保证一定的教育质量来说是不完善的手段，更不会带来在本章前面所提到的那些改进。

另一种不同形式的外部压力来自中肯的意见。当然，并非所有的批评都能产生明显的影响，但偶尔也有中肯的批评对改革特别有益。例如，1910年的弗莱克斯纳报告严厉批评了私立医科学校，加速了这类学校的消亡。这个报告还推荐了科学课程，很快被各大学的医学院采用。同样，1958年发表的由福特和卡内基基金会发起的两个有关商业教育的长篇报告，促使许多学院和商学院改进教学计划，削减了描述性课程，强调经济学、统计学和其他严格的课程，同时强化了研究项目。最近发表的关于全国性本科教育情况的报告，有助于说服半数以上的学院检查自己的学术项目或者制订未来计划。

对弗莱克斯纳、福特和卡内基基金会报告进行的进一步研究，揭示了为什么这些报告能产生如此有力的影响。这是因为每个报告都推荐当时正在进行的改革，推荐那些会取得更高的传统学术标准的改革。虽然这些报告的建议不是原创的，但这三个报告通过传递有见地的意见和形成支持改革的氛围来加速改革。然而，如果这些建议与许多院系广泛持有的价值观念不一致，改革的进程基本也不会发生。为了证明这一点，我们只要看一看弗莱克斯纳报告中没形成重要影响的部分：建议医学院应该教授社会健康和预防卫生的内容或者削减课时数，这些建议大部分都被忽略了。不采纳这些建议，并非这些建议考虑不周，而是由于这些建议与名牌医学院关于什么是医学教育重点的普遍看法不符。

第五章
变革的前景

除了社会批评，对改革主要的外部影响是为新举措提供财政支持。这个方法被频繁使用，效果良好。公司提供大量资助使大学投入巨资在计算机上。福特基金会的拨款，对法学院的律师事务所式教学项目的发展起了重要作用。政府机构经常给医学院拨款，促使医学院发展新的项目或扩大已有的项目，以满足不断增长的社会需求。

尽管取得了一些成功，但外部出资机构在提高教育质量方面只起了有限的作用。基金会或政府机构很少有兴趣支持大学发挥其常规功能。相反，它们把大学当作用来解决武器控制、癌症、贫穷、精神健康等社会紧迫问题的有用工具。另外，这种对提高教育质量进行资助的提议很难被评估，其结果更难被评价。因而，最终结果是大学将此类工作作为自己承担经费的事项，比如翻修教师俱乐部或图书馆购置图书。

总之，来自校园外部的压力对教学、教育有积极但有限的效果。批评能引起各方注意，并重新调整大学工作的优先级，而拨款则有助于进行实验。这些压力往往是有帮助的，有时甚至是必要的。这些外部压力在反映大学内部已存在的想法时最有用，可以增强想要把这些想法付诸实践的教育者的力量。但是，外部出资机构无法对提高教育质量给出启动建设性变革和提出新思想的可靠方式，这一重要任务最终要依靠大学自身。

三、教师的作用

没有教师的积极合作，教育质量很难提高。教师尽最大的努力为学生树立令人敬佩的榜样，这意味着他们有受过教育的头脑，他们热爱一门专业，他们深入地思考一个问题。玛格丽特·米德（Margaret Mead）对弗兰兹·博厄斯（Franz Boas）的回忆、瓦尔特·李普爱（Walter Lippmann）与威廉·詹姆斯（William James）谈话的回忆录以及无数其他回忆录，都说明在提高教学质量方面，这种个人榜样常常比任何精心设计的计划给人们留下的印象都持久。

然而，就整体来讲，教师往往迟钝得令人恼火且不愿改变。50年前甚至100年前最先被指出的问题现在仍然在学院和专业学院存在。查阅这一记录，许多批评家把改革进展缓慢归咎于教师们的漠不关心和故意怠慢。这种看法并不完全公平。除了从事教学外，教师们还可以有其他的兴趣，如果不是真正热爱教学和为学生的利益着想，他们基本不会选择这样一种学术生涯。改革的最大障碍不在教师本身，而在其他地方。

在没有能力理解透彻某些科目之前，教学工作无法有效进行。正如我们已经看到的，这就是开设对培养公职人员有挑战性的课程需要这么长时间的主要原因，这也一直是阻碍专业学院更努力地培养学生人际关系技能或创造力和想象力的重要因素。

第五章
变革的前景

当考虑新的教学领域时,大学有时也因为缺少能胜任的教师而受阻。应用伦理学的教学显然就是遇到了这个问题,法律事务所教学项目同样缺乏能有效传授必要技能以满足实践需要的教师。类似的挫折已经阻碍了为培养能胜任公共服务职业的学生而组建强大的教师队伍的努力。

当改革威胁到重要学术价值观,尤其是智力标准的首要地位时,就会出现进一步的障碍。大学教师常常不愿为舞蹈、绘画或音乐表演授予学分的首要原因,不是因为教师们蔑视艺术,而是因为艺术表演不要求运用以传统方式评价的智力。同样,我们已经看到法学教师有时抵制把法律事务所教学项目纳入正规课程,因为这些教授项目的许多教师不进行常规研究。尽管看起来这些反对意见的力量显得很微小,但实则它们隐藏了更多的保留意见。许多大学教师担心如果不要求本科生必须达到可信的成绩标准,授予学分将会有贬低教育水平的危险,同时还会失去认真学习的学生的尊敬。法学教师认为,如果他们不坚持要求同事从事一些严肃的研究,他们就会冒险任命无法更新自身知识资本以及在课堂教学中最终变得陈腐和毫无作用的教师。有人可能争辩说,教师在克服这些问题中可能更有办法,不能简单地说他们懒惰或天生不情愿进行改变。

毫无疑问,如果革新需要耗费部分教师大量的时间和精力,或占用传统教学的财力和物力,改革也会面临困难的处境。研究型大学的大多数教师永远都很忙,资金似乎总是短缺。当然,无论有多麻烦,如果教师们真的相信改革能促进学生的智力发展,那么就很少会有教师抵制改革。但是教育改革的结果很少会那么清晰,没法通过教师们这一关。由此,缺少可以信赖的评估方式再次影响了人们改革的意愿。

最后,教师们会抵制那些规模太大或预期效果太显著的新举措,因为如果失败会削弱学校声望,或者有损其吸引有才能的学生和教师的能力,这种阻碍严重影响了重大改革的可能性。因为顶尖的学校享有最好的学生和教师,如果冒险进行大型改革,它们的损失最大(它们的教师也可能专心忙于研究,因此没有时间执行学校的重要改革)。因此,最有机会通过成功的改革影响其他学校的是那些风险最小的学校。对于上述学校来说,科福特(Cornford)的话说得很有哲理:"做任何事都不要第一个做。"[1]这种谨慎有助于解释为什么这么多雄心勃勃的教育实验发生在不太知名的大学中,如麦克马斯特斯大学和新墨西哥大学在医学教育领域的改革以及东北大学在法律教育方面的改革。这种倾向在真正的竞争环境中没有太大的影响。然而,在教育领域,由于竞争压力很小,所以有时规模比较小的学校的改革进行得很成功,

---

[1] Cornford, *Microcosmographia Academica*, p.23.

第五章

变革的前景

但这些改革的影响慢慢消失，对其他院校没有产生什么影响。

上面提到的阻碍因素不能完全阻碍教育的发展，但它们确实对出现什么改革和改革如何进行有显著的影响。最经常发生、最成功的改革是那些增进教师专业兴趣和价值，但又不会花费过高的改革。不断被添加到传统课程中的新思想和新见识，稳定地引进新课程，教师对学生在智力上要求的逐渐变化，都是逐渐改革的例子。这个过程类似于珊瑚礁的生长过程，不同于火山爆发的过程。只有在很少的情况下改革才能迅速开展，比如在弗莱克斯纳做出关于医学院的报告之后迅速出现的那些改革以及福特和卡内基做出关于商业教育的研究报告之后出现的那些改革。然而这种渐进式改革却给人留下了深刻的印象。20世纪60年代对110所大学所做的一个研究报告揭示，在5年中，所有课程中的20%被更换或重组，同时新开的课程平均以每年9%的速度增加。[1] 对于有些改革，其他过程不会产生效果。例如，如果人文学科确实处于危机状态，那么只有通过许多教师的个人努力才能摆脱这种危机，而不是通过任何有计划的改革。

另一个确保重要改革能够进行的办法是，在现有的正式教育系统之外进行，这样就不需要得到教职工的支持。这种改革的办

---

[1] J.B. Lon Hefferlin, *Dynamics of Academic Reform* (San Francisco: Jossey-Bass, 1969), pp.54—58.

法益处很多，只需要集中愿意参加改革的人，并给他们提供资源进行改革，而不需要所有教师都做出牺牲。这些优点解释了为什么本科生的课外活动和学生服务活动发展得比教学方法革新快得多，同时也解释了公共政策教学项目在作为独立的专业学院时比附属于商业管理学院为资金而竞争时发展快得多的原因。

文科教学项目说明了这种取得进展的方法的局限性。这些教学活动中的大部分始于正式的课程之外——无论如何这些活动对正式课程的要求都是有限的，对正规教师的时间和资源的需求甚至更少。只要新教学项目仍然处于边缘地位，它们就不会被过多限制而蓬勃发展，尽管它们是非传统的方式。然而，这些文科教师最终通常会要求得到教职的地位和更多的资源，以及为参与的学生争取学分。这时候，改革的步伐通常会由于教师开始批评教学计划缺乏严谨的态度和学术内容而减缓。

一个密切相关的课程体系内的制度改革方法是在实验的基础上进行。这个策略有明显的优点，它完全依靠自愿参加的教师，因此很少会对不愿意参加的教师提出要求。它比全校范围的改革花费得少。由于不会损害传统教学项目，失败的风险也就降到了最低。例如，哈佛大学医学院最近着手一个重大举措来改革医学教育，通过大幅度减少课时数，强调计算机和现代决策技术的使用，引入更多伦理、卫生经济、心理和社会医学的课程。说服全体教

第五章
变革的前景

师都采用这些新课程、改变他们的教学方法是不可能的,然而,在院长和热情参与的教师的有力支持下,学院批准用这个计划对一小部分学生进行实验。

在这种情况下,问题是一旦革新看起来已经成功,如何把革新扩展到整个大学。理想的途径是客观地评估新的风险,并呼吁用教师的专业标准证明其产生了良好的教育效果。然而,正如我们所见,评估的方法往往太原始而无法使评估有获得成功的机会。评估方法总有缺陷,而持怀疑态度的人能很快找到理由解释为什么受到很多关注的受试学生比他们上传统课的同学表现得更好。

因此,改革者的希望就是这个新的改革项目能够足够成功,从而能克服所有的障碍。改革可能很受欢迎,其他学生也要求进行改革。如果保守的教师看到采用新方法没有过多的风险或麻烦,就可能逐渐改变主意接受改革。许多大学在使用计算机补充常规教学时,似乎就是这种情况。随着越来越多的学生入学时已经知道如何使用计算机,再加上一些教师展示了计算机的使用,学生们开始询问其他教师为什么不使用新技术。如果经费充足,支持服务也完备,越来越多的教师可能自己也会开始尝试使用计算机。当然,并不是所有改革都会取得成功。有些实验可能不会引起学生的兴趣,另外一些可能不会得到外界支持,还有一些因需要太多的投入而被搁置起来,无声无息地消失。即使是这样,实验已给许多持续的革新增加了生命力，否则，这些革新就不可能实现。

鉴于这些障碍和可能性，教师自身能做些什么来解决大学面临的主要教育挑战呢？他们肯定会继续把新知识引入教学，继续利用不太麻烦的、不太昂贵的新技术。他们将毫无疑问继续增加新课程，甚至引进新的教学项目和新的专业。大胆的教师将在课堂教学中为计算机找到富有想象力的用途，并且将尝试用新方法讲授重要的专业技能课程或道德和社会责任的新课程。如果有基金会和其他外部经费来源给予支持，这种实验的速度不仅将保持下去，而且可能大大加快。

然而现在，大学最需要的不仅是继续进行实验，也不仅是新课程和新知识的逐渐融合，这些过程已经在生机勃勃地进行中。目前更重要的是下决心对改革进行评估，并且把成功的改革推广到主流课程中去，这样，它们才能有更持久的生命力，能够使更多的学生获益。

进行这样的改革，似乎没有绝对障碍。所有改革不必等发现新技术或知识有新进展（尽管这样的进展往往对改革有益）就可以开始了。可能除了成立一个新的公共政策学院之外，其他项目都不会如此重要，以至于拿一所学校的声誉去冒险。尽管其中一些改革方案需要大量资金，如计算机的应用和录取更多的外国留学生，但大多数改革只需要适度的资金。

第五章

变革的前景

最大的抵制力量可能来自教师，他们害怕这些改革提案的执行需要花费时间，从而减少了他们研究的机会。如果必须要牺牲什么，他们将竭力主张牺牲教学，不是因为教学不重要，而是因为研究更重要，而且研究工作就算不能有助于教学项目的执行，也能丰富教学内容。

我对这种观点有些许不同的看法。一方面，我提出的这些建议中基本没有需要教师花费很多时间的，至少不会占用绝大多数教师的时间。另一方面，有许多办法可以补偿教师损失的时间，比如减少教师花在与教学和研究不相关的其他事情上的时间。这一论点的另一个问题是它是基于一个存疑的想法，类似于学生认为在学习上花费的时间越多学习成绩就能越好。这些观点没有很好的论据支撑。学习成绩不是简单地由所花费的时间多少决定的，而是由学习质量和学习强度来决定的。因此，几项关于人的精力的调查研究表明，有许多事要做的繁忙的人，常常比只专注于做一件事的人取得的成就大。当然，这并不意味着科学家和学者能拿出无限的精力来改进教学而不损害研究工作的质量。但这确实表明，教师能够承担一定的任务来协助我所讨论的这些教育改革，而不用冒太多损害他们学术工作的风险。

即使教师们有时间进行改革，但大多数改革措施不是依靠教师的个人力量就可以实行的。在某些情况下，新项目会由于缺少自发的兴趣而夭折。例如，如果不经常鼓励，很少有教师愿意教授实用技能或职业道德或帮助差等生或评价自己的教学研究。一部分教师可能对教授学生公共服务课程有潜在的兴趣，但很难期望他们能够筹集资金购置所需要的设备来实现这种教学项目。他们也没有能力创立改进教学的中心，安排大规模计算机应用，或为职业中期的从业者设置教学项目。同样，在组织帮助差等生，进行教学研究，增加外国学生人数，开设其他任何需要资金、组织人才、新建筑和其他资源的项目方面，普通教师也无能为力。

四、学校管理者的作用

从以上讨论来看，高等教育最需要的改革不可能自动从竞争的效果中，从基金会和政府机构的提议中，或从教师的自发努力中产生。尽管没有教师支持的重要改革很难进行，但为了实现重要的教育改革项目，还需要开拓的精神和管理的技巧，并需要院长、教务长和大学校长提供额外的推动力。

美国高等教育在传统上一直可以输出这种领导力。建立于18世纪和19世纪的每一所大学的背后，都有一位果敢的奠基人，他们足智多谋并且具有坚韧不拔的非凡品质。20世纪初期，伟大的大学校长们主要负责创立了我们今天所知道的大型研究导向型大学，成功地引导大学经历了比现在的大学正在经历的更伟大的变革时代。

第五章

变革的前景

学术领导人还能带来大的变革吗？从目前的情况来看，许多观察家似乎对此表示怀疑。按照这些评论家的看法，学术界的所有权力已经从校长手里转移到教师手里。教师是现代大学的中坚力量；他们的不凡铸就了大学的名誉，他们的贡献对大学的成功是必不可少的。既然他们已确保了终身教职，既然他们对提升大学的名誉比校长的贡献大，既然他们的大部分工资是由政府而不是大学支付的，他们就不需要接受任何校长或院长的指示，只有他们自己可以决定教什么、教谁和什么时候教。校长的作用是向外界解释教师的所作所为；他们可以筹集资金、筹建新的建筑物和保护大学免受恶意的攻击；但他们缺少足够的权威来倡导重要的教学改革。

没人能否认这种观点的总体转变。相对于校长和院长，教师们在本世纪毫无疑问地已经获得了更多的权力。惠勒（Wheeler）校长骑着白马驰骋在伯克利校园与埃利奥特（Eliot）校长不用与教职员商量就可以任命哈佛大学教授的时代已经一去不复返了。但是，要摆脱这些管理人员也许还为时过早。即使是现在，管理者还有一定的特质和权力，对促进教育改革有独特的作用。

首先，学校领导比普通教师对促进重大教育改革有更强烈的动机。不像教师们，校长和院长有理由相信教育改革对评价他们任职成绩仍然很重要。如果他们理解这一点并关心教育，那么在这样的环境中，由此产生的动机将是一项重要的资产，因为在这样的环境中，教育改革遇到了各种阻力，需要如此多的耐心和毅力才能使其传播和扎根。

除了提到的这些关于学校领导把权威让渡给教师之外，他们仍然保留了很大一部分权力。一般来讲，他们有独一无二的机会去筹集资金，也有分配资源的权力（至少在边缘项目上），并且在许多大学中还有否决教师任命的权力。这些权力可能不能让其他人服从——这也是件好事。但大多数校长和院长有足够的权威保证有人服从他们。如果他们不能使意见达成一致，他们至少能提出建议，并且指望这些建议被认真考虑。

一部分是因为他们独特的视角，另一部分是因为他们所任职务的权威，学校领导者还有特殊的机会为新的改革提案寻求支持。如果谁对大学有远见，并且能指出大学的发展方向和重点，这个人可能就是校长或其他有很大学术责任的学校领导。对这种个人实际拥有权力的影响力，特别是对教师的影响，很容易令人愤慨。但大多数教师像其他人一样，并不是完全投入到某一固定的学术工作中。他们也有不在状态的时候，他们私下也怀疑自己所做的事情到底有多少真正的价值。正是这一点点灵活性和不确定性，使校长和院长有机会去说服教师创造新的重点，同时动员教师支持他们。

第五章
变革的前景

校长和院长保留的权威不仅使他们有权决定学校的发展进程，而且可以创造促进改革、获得支持新想法的环境。他们有权给大学各项活动和教学项目分配资金，能够动员力量来支持改革实验，鼓励教师更加重视教学和教育。他们能够给希望实验新方法的教师提供资金支持；他们能购置贵重的设备，如计算机；他们能够说服有影响力的教师尝试有前景的改革举措；他们能够找到办法奖励和认可那些对教育改革贡献最大的人。除此以外，他们还有能力收集并应用促进改革的信息。他们能够组织一个校外专家委员会来评估教学项目、推荐改革方案或组织学生评估课程，从而集合对效率低下的教师的意见，或者收集有关教学项目优缺点的资料。

最后一点，校长和院长有特殊能力执行新举措。一旦做出决定要建立一所新的公共服务的专业学院，制定一系列新的职业教育项目，成立提高教学质量中心或在学院开设新课程，学校领导层的支持就十分重要了。除了校长或院长以外，任何人都不太能筹集资金、招聘员工并找到使这些项目实现所需的设施。

当然，有这些权力是一回事，有效地使用这些权力又完全是另外一回事。正如许多作者指出的，校长们不再有时间在制定教育方针方面起着有远见和有效的作用，即使他们有这样做的权力。一个世纪前，学术界的活动有限，大学规模很小，一个强力的学校领导能够跟上他的大学里大部分学术领域的发展，但那个时代早就过去了。知识已经发展得如此专业化和复杂化，没有人可以指望在好几个领域或专业学院里跟上知识的潮流。因为对许多学术领域都不了解，所以校长不可能真正了解机会在哪，更不要说决定如何利用这些机会了。除此以外，今天的大学规模大得多，管理大学的办法也复杂得多。许多社会团体，从联邦政府到当地社区，都对大学的行为感兴趣。这些团体要求得到大学的关注，并要求参与到影响他们的大学决策中。同时，筹集资金的负担也变得巨大，联邦政府的一系列法规笼罩着大学校园，还有人事、预算、设备规划、债务管理问题，以及其他棘手的管理工作也成倍增加。在这种情况下，校长和其他管理人员工作越来越努力，但他们仍发现花费在重要的教育问题上的时间越来越少。

这些困难导致了当前大学校长和院长（与医院、博物馆和其他大规模非营利性机构的领导者一道）面临的最大岗位矛盾。这些行政人员一般是从学术工作岗位抽调上来的，在行政管理岗位上没有受过正式的训练，缺少足够的行政管理工作经验。尽管有这些不利条件，他们还是被选中担任领导职务，因为大多数人认为教育机构的领导者必须理解学校重要的价值观和焦点，以便能做出明智的、长期的指导。然而，具有讽刺意味的是，学校领导者用于他们应该从事的学术工作的时间越来越少。相反，他们必须把几乎全部精力用于他们没有充分准备的行政管理工作上。

第五章
变革的前景

这种情况对大学的活力构成了威胁。如果不采取措施解决，就会发生以下两件事情。一件事是学校的董事们主要选择具有管理能力和政治能力的人当校长，而不是根据他的学术水平。在这种情况下，校长对大学将缺少学术领导力。为了避免这种情况，董事会可能会转而挑选缺少应对他们所需要面对的财务和管理问题经验的学者当校长。这个策略的结果就是，校长会把大量时间用来解决管理问题，没有时间考虑学术问题。无论两种方法中的哪一种，都会使大学教育的发展遭受损害。

想要知道怎样摆脱这个困境并不容易。有些机构，比如纽约大都会博物馆，尝试采用双轨领导制——知识领导和行政领导。在这种双轨领导制下，展览和收藏品归艺术总监领导，首席行政领导负责筹集资金、维护建筑、平衡账目、与社会打交道。大学的学术职责和管理职责也可以按类似的安排分开来。然而在实际工作中，很难把两种角色分割开来。由于学术目标决定管理方针的选择，而行政决定又影响大学的学术工作。因此，双轨领导制在两位领导有耐心、相互理解、工作上能和谐相处的时候才能起作用，当然不能无限期地对这种关系期望过高。

另一件事是依靠教务长和院长进行学术领导，而校长则对外代表大学并监管大学的行政和后勤系统。这种安排可能起作用，但成功与否就在于一定要确保院长和教务长不至于在微小的行政事务和筹措经费方面负担过重，以至于他们被迫忽视更为重大的教育问题。除非在选择这些人任职时就仔细考虑到这个目的，否则即使给他们足够的权威，他们可能仍然缺乏管理教育事务的能力。然而，那些把主要精力花费在筹集经费和行政管理上的校长们，不大可能做出令人感到鼓舞的选择，甚至也不大可能努力去挑选有才能的院长。他们常常把挑选院长的权力交给遴选委员会或全体教职员工。结果被任命的院长不是代表校长去完成一系列教学目标，可能仅仅是被选来维持舒适现状的折中的候选人。在这种情况下，有才能的院长时不时出现，但工作成绩一定是参差不齐的，就全局来讲，大学的发展方向很难达到始终如一。

或许最好的方法是保持一元化的校长制，校长由有很强的学术背景的人担任，同时把更多的管理权力委托给有真正令人印象深刻的管理经验的财务主管或行政副校长。这样做的目的是建立强有力的行政管理和财务管理领导团队，校长不需要过问这些事务，只需偶尔处理主要大政方针问题或直接与学术有关的问题即可。就算是这样安排，校长在筹集资金和礼仪方面的任务还是很重，但他们至少能够挤出时间来关心大学的教育方向。

无论采取哪种办法，校长和董事会都应该认真思考怎样创造条件，使校园里尽可能有教育方面的领导力。虽然现在流行的是轻视行政管理而强调教职人员的权力，但事实上这两者缺少哪一个都不能搞好教育改革。教师自己就能够开设新课或把平时的课程综合在一起建立一个新的教学项目；行政领导能够资助新的教师职位，筹建新建筑或增加新的服务项目。这些事情都很重要，二者构成了一般大学里能够发生的大部分变化，但二者都不能单独抓住当前我们面临的提高教育质量的最重要的机会。要提高教育质量，强有力的领导与有意愿的教师队伍之间的合作是必不可少的。

关于教育如何改革的阐述只剩下最后一个问题——有没有办法可以确保大学能够竭尽全力应对新的挑战以及满足学生和社会的需要？在美国有两个大家熟悉的办法促进人际组织关心公共利益，一个是管理，另一个是竞争。但问题是这两个办法似乎都不太适合我们的目标。政府的管理和控制没有很好地起到提高教育质量的作用，美国公立学校的教育质量没有得到提高，国外大学的教育质量也没有得到提高。但是，我们也看到，竞争没有起到很好的作用。虽然竞争产生了多样化，但竞争没有带来理想的课程体系，没有有效地淘汰教育质量低的院校，没有使院校系统地发挥作用来促进学生的学习。

每一种熟悉的控制方法都没有达到理想的效果，也就无从谈起哪种方法最起作用了。公立学校的经验和国外的经验都不能说明严格的政府控制可以显著地改善学院和大学中的教与学过程。

相反，政府干预会危及竞争性和分散化体制下繁荣的冒险精神和多样性。因此，无论取得任何进步都不可能是加强政府之手的结果，而是寻找办法提高现有的自由、自治制度的结果。

一种可能性是通过强化标准和要求大学自查为提高教与学质量所做的努力来加强评估过程。这种重点转移无疑将导致大学更加注意教育的过程。然而，我们不能夸大前景。评估只能影响一小部分处于边缘的院校，对绝大多数地位牢固的学院和大学影响很小。即使处于边缘地位的院校，政治原因和实际情况都会对提高评估标准和撤销评估资格有所限制，也不大可能指望这些限制将来会消失。

另一种可行的办法是为学生提供更多有用信息，帮助他们在选择学校时做出更明智的决定。例如，政府可以要求每所大学公开其教学计划所要达到的目标、教师队伍的资质、学生群体的构成和成绩、图书馆的规模和情况、实验室和其他设备的规模与种类。在基金会的帮助下，还可以努力为受益的潜在申请人改进目前评估学院和专业学院的入学指南。帮助学生进行更明智的选择会对高校产生有益压力，有助于提升高校自身而获得更高排名。

这些措施虽值得考虑，但效果似乎还是很有限。如果我们能够测定学生达到重要教育目标的进步程度，就可以给学生提供可靠根据，告诉他们哪些学校最适合他们。通过这种方式影响学生

第五章 变革的前景

的选择，将反过来对学院和大学施加压力，以加强它们的教育计划。然而，由于我们还没有掌握这些知识，要求大学公开更多的信息就像是脱离丹麦的背景演哈姆雷特一样：这种尝试会有它的价值，但是整个经历却不会尽如人意。我们如果能掌握更多的信息，就会促进大学更加努力地扩大图书馆，增加设备或教师中博士的数量，不过上述条件对提高教学质量只有一点间接、微弱的影响。

最后，政府机构和基金会应该做更多的事情以支持改进教育过程的努力。这种支持可以有多种形式：帮助大学建立运用录像技术和其他有用的技术改进教学中心，支持有前景的计算机教学项目及其应用，支持传授新专业技能的努力。资助机构还可以支持对教学效果进行研究。这种支持能及时为教师提供反馈，这种反馈可以鼓励他们继续尝试新的教学方法，同时通过试错过程为教师提供改进教育质量的机会。在这些各种各样的方法中，外部支持可以做很多事情来保持教学与研究之间的健康平衡，以及强调作为一个值得系统研究和实验学习的重要性。

以上所说的所有办法虽然有助于改善高校的学习环境，但它们累加起来也仍保证不了每所大学都能发挥其潜能。目前还没有一个理想的制度，将来也不会有这样的制度，能够使每所大学都能尽最大努力改进教学。改革的动力必须来自大学内部。董事会一定要寻找一个关心教学质量的校长，然后为校长构建一个能够发挥其学术领导力的治理结构。校长必须主动阐明教育目标，同时提供鼓励和物质支持以说服教师参与必要的改进。最重要的是，教师必须把学习过程当作一个本身就有趣的事情，值得持续讨论、思考和尝试。

没有人可以确定，我们的大学能够在多大程度上成功地应付这个挑战。然而，展望前景，我们应当感到振奋，因为总的来说我们的大学已经办得不错——在某些方面，尤其好。一方面，美国的高等教育在世界上无可企及，但是另一方面又仍然远远没有达到理想的程度。自治和竞争的质量对提升大学到如今令人羡慕的水平起了作用，但是教与学还没有达到最佳水平。总之，美国大学没有面临危机，也没有达到理想境界，只有充分利用有前景的实验机会和各种新的机会，以图在充满困难、不可预测但又十分关键的人类事业中取得明显进展。在这项事业上，我们对教育价值的信念将会决定我们做多大努力。即使在最好的情况下，高等教育改革也不会取得迅速进展，而且在很长时间内都不会有明显成果。但是，社会的发展依仗着教育质量的提高，这使得我们必须做出努力进行尝试。因此，大学不应当犹豫，应该努力抓住面前的机会，应该受到肯尼迪总统曾经讲的法国元帅路易·雷奥蒂的故事的激励。当这位法国元帅宣布他想种树时，他的园丁回答说这棵树一百年也不能成材。"那样的话"，雷奥蒂说道："我们没有时间耽误了，我们今天下午就必须开始种树。"